职业技能等级认定考核指南

保育员

（高级）

主　编　耿一婧　高杰英
副主编　刘春艳　马红霞　张会欣

中国劳动社会保障出版社

图书在版编目(CIP)数据

保育员：高级 / 雄县兴达职业培训学校，河北省职工教育和职业培训协会组织编写． -- 北京：中国劳动社会保障出版社，2023
职业技能等级认定考核指南
ISBN 978-7-5167-6238-7

Ⅰ.①保… Ⅱ.①雄…②河… Ⅲ.①幼教人员-职业技能-鉴定-自学参考资料 Ⅳ.①G615

中国国家版本馆 CIP 数据核字（2023）第 252371 号

中国劳动社会保障出版社出版发行

（北京市惠新东街 1 号　邮政编码：100029）

*

三河市华骏印务包装有限公司印刷装订　　新华书店经销

787 毫米 ×1092 毫米　16 开本　8.75 印张　124 千字
2023 年 12 月第 1 版　　2023 年 12 月第 1 次印刷

定价：**26.00** 元

营销中心电话：400-606-6496
出版社网址：http://www.class.com.cn

版权专有　　侵权必究

如有印装差错，请与本社联系调换：（010）81211666
我社将与版权执法机关配合，大力打击盗印、销售和使用盗版图书活动，敬请广大读者协助举报，经查实将给予举报者奖励。

举报电话：（010）64954652

编写说明

在河北省职业技能鉴定指导中心的指导下,雄县兴达职业培训学校、河北省职工教育和职业培训协会组织相关专家编写了保育员职业技能等级认定考核指南》(以下简称"保育员考核指南")。保育员考核指南共三本,分别为《保育员(初级)》《保育员(中级)》《保育员(高级)》。各级别保育员考核指南均包括以下三部分内容。

第一部分:理论知识考核指南。本部分共五章,每章包括考核要点、重点复习提示、理论知识辅导练习题、参考答案。

第二部分:操作技能考核指南。本部分包括考核内容层次结构表、考核要素细目表和操作技能辅导练习题。操作技能辅导练习题附参考答案。

第三部分:模拟试卷。本部分包括该理论知识考核模拟试卷、操作技能考核模拟试卷,并附有操作技能考核评分标准。

保育员考核指南适用于保育员职业技能等级认定培训和考核复习,为考生掌握重点、理解难点、解析疑点提供具体的指导。由于时间仓促,不足之处在所难免,欢迎使用单位和个人提出宝贵意见和建议。

目 录

第一部分 理论知识考核指南

第一章 职业道德与职业守则 …………………………………………… 3
考核要点 ……………………………………………………………… 3
重点复习提示 ………………………………………………………… 3
理论知识辅导练习题 ………………………………………………… 6
参考答案 ……………………………………………………………… 8

第二章 卫生管理 ………………………………………………………… 9
考核要点 ……………………………………………………………… 9
重点复习提示 ………………………………………………………… 9
理论知识辅导练习题 ………………………………………………… 13
参考答案 ……………………………………………………………… 18

第三章 生活管理 ………………………………………………………… 19
考核要点 ……………………………………………………………… 19
重点复习提示 ………………………………………………………… 20
理论知识辅导练习题 ………………………………………………… 30
参考答案 ……………………………………………………………… 42

第四章 配合教育活动 …………………………………………………… 44
考核要点 ……………………………………………………………… 44
重点复习提示 ………………………………………………………… 45
理论知识辅导练习题 ………………………………………………… 57
参考答案 ……………………………………………………………… 70

第五章　指导与培训 ································· 71
  考核要点 ······································ 71
  重点复习提示 ···································· 71
  理论知识辅导练习题 ······························ 73
  参考答案 ·· 75

第二部分　操作技能考核指南

考核内容层次结构表 ····································· 79
考核要素细目表 ··· 80
操作技能辅导练习题 ····································· 84
  参考答案 ·· 98

第三部分　模拟试卷

理论知识考核模拟试卷 ································· 109
理论知识考核模拟试卷参考答案 ························· 120
操作技能考核模拟试卷 ································· 121
操作技能考核准备通知单（考场） ······················· 126
操作技能考核准备通知单（考生） ······················· 127
操作技能考核评分标准 ································· 128

第一部分

理论知识考核指南

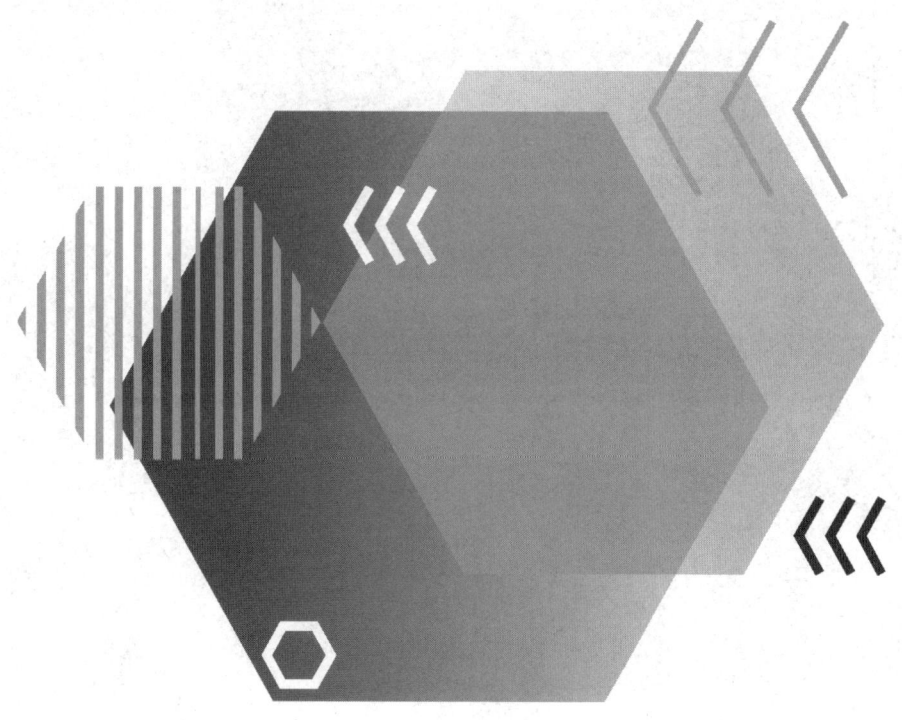

第一章　职业道德与职业守则

考核要点

职业道德与职业守则考核范围	考核要点	重要程度
职业道德基本知识	1. 职业的概念	掌握
	2. 道德的概念	熟悉
	3. 职业道德的概念	熟悉
	4. 保育员职业道德的概念	掌握
	5. 保育员职业道德的基本内容	了解
	6. 保育员职业道德的意义	熟悉
保育员职业守则	1. 保育员职业守则的基本内容	掌握
	2. 爱岗敬业、热爱幼儿的具体要求	掌握
	3. 为人师表、遵纪守法的具体要求	掌握
	4. 忠于职责、身心健康的具体要求	熟悉
	5. 积极进取、开拓创新的具体要求	熟悉
	6. 尊重家长、热情服务的具体要求	熟悉
	7. 文明礼貌、团结协作的具体要求	熟悉

重点复习提示

一、职业道德基本知识

1. 职业的概念

职业是指人们利用专门的知识和技能参与社会分工，创造社会价值，获得合理报酬作为重要物质生活来源，并满足精神需求的工作。

2. 道德的概念

道德是指一定社会、一定阶级要求人们遵循的调整个人与个人之间以及个人与社会之间关系的行为准则和规范的总和。

3. 职业道德的概念

职业道德是指人们在从事某种职业、履行其职责过程中所必须遵循的行为准则和道德规范的总和。

4. 保育员职业道德的概念

保育员职业道德是指保育员在一定的职业道德知识、情感、意志、信念支配下而自觉遵循的行为准则和规范。

保育员的职业道德行为不是与生俱来的，而是经过培养和训练形成的一种良好的职业行为习惯。

5. 保育员职业道德的基本内容

保育员职业道德的基本内容包含两个方面。首先，保育员作为一种职业，其职业道德的内容包括我国《新时代公民道德建设实施纲要》提出的职业道德的主要内容，即爱岗敬业、诚实守信、办事公道、热情服务、奉献社会。其次，保育员职业道德的内容还包括因其职业特殊性所要求的内容，即爱岗敬业，热爱幼儿；为人师表，遵纪守法；积极进取，自我提高；尊重家长，尊重教师群体。

6. 保育员职业道德的意义

（1）保育员应具有高尚的职业道德是社会的要求。首先，职业道德是调节从业者与社会之间关系的基本手段。其次，职业道德是弘扬中华民族传统美德的需要。

（2）保育员应具有高尚的职业道德是其职业特点的要求。首先，保育员的职业功能要求其具备高尚的职业道德。其次，保育员的工作对象和工作环境要求其具备高尚的职业道德。

二、保育员职业守则

1. 保育员职业守则的基本内容

保育员职业守则的基本内容包括六个方面：爱岗敬业，热爱幼儿；为人师表，遵纪守法；忠于职责，身心健康；积极进取，开拓创新；尊重家长，热情服务；文明礼貌，团结协作。

2. 爱岗敬业、热爱幼儿的具体要求

（1）热爱学前教育事业。对保育员工作倾注满腔的热情，全身心地投入保育工作中，为学前教育事业奉献自己的聪明才智。

（2）热爱保育员工作。不要将工作仅仅视为一种谋生的手段，而是将工作看作学前教育工作的重要组成部分，将自己当作教师的重要助手，对保育员工作有高度的责任感、自豪感和荣誉感。

（3）公平、公正地对待每一位幼儿。保育员要爱护全体幼儿，对他们一视同仁，让每一个孩子都感受到温暖和幸福。

（4）对待教育对象要做到尊重与严格要求相结合。首先，每个幼儿都是一个独特的个体，都有自己独立的人格，他们需要得到成人的认可和尊重；其次，保育员热爱幼儿不是出于个人情绪的偏爱，不是自然的爱，而是理智的爱，即教育者的爱，这既要求保育员真心热爱幼儿，还要求保育员精心教育幼儿，对幼儿的发展提出合理的期望和要求，使全体幼儿在体、智、德、美各方面能够和谐全面地发展。

3. 为人师表、遵纪守法的具体要求

（1）具备良好的道德品质。学前期是幼儿良好道德品质形成的关键时期，而保育员是幼儿生活起居的保育者和幼儿身心健康的护理者，在一日生活的各个环节中保育员和幼儿都进行着各种形式的互动，因此，保育员的道德素养能够影响幼儿的一生。诚实正直、表里如一等都是保育员应具备的品质。

（2）言行一致，以身作则。保育员要诚实守信、言行一致、以身作则、注重身教，不断加强自我修养，陶冶情操，自觉用师德规范自己的行为。

（3）遵守职业纪律，增强法制意识。遵守职业纪律要求保育员做到：具有教育意识并不断强化这种意识；在教育活动中恪守保育员职业纪律；从小事做起，敢于接受批评和自我批评；认真执行我国现阶段的教育方针，自觉遵守学前教育机构的各项规章制度；不借职业之便谋取个人利益；禁止打骂、体罚和变相体罚幼儿，要和幼儿建立和谐的关系。

增强法制意识要求保育员做到：不但要学习必需的法律法规，掌握必要的法律知识，尤其是与自身密切相关的法规知识，还要在具体的工作实践中提升自己的法律意识。

4. 忠于职责、身心健康的具体要求

保育员要遵守职业道德，忠于自己的岗位职责，以健康的身体和心理状态履行岗位职责。

5. 积极进取、开拓创新的具体要求

保育员要结合工作实际，自觉更新知识结构、钻研业务，将理论和实践密切结合，将传承与发展相结合，促进幼儿健康发展。

6. 尊重家长、热情服务的具体要求

（1）保育员要善于听取家长的意见和建议，在学前教育机构和家庭间建立起和谐、密切的联系。

（2）保育员在接待家长时绝不能带着世俗的功利眼光，也不能人为地把家长分成三六九等，而应该平等公正地对待每一位家长。

（3）保育员对家长进行育儿指导，既要利用各种途径向家长渗透学前教育的基本专业知识，也要针对个别幼儿的情况，向家长提供孩子的第一手资料和相应的教育建议。

（4）保育员应尽心尽力组织和指导幼儿在园生活，从学习、饮食、交往各个环节中，观察幼儿的行为和需要，并能够在饮水、增减衣物等方面给幼儿提供及时的帮助。

7. 文明礼貌、团结协作的具体要求

保育员要仪表端庄、举止得体，在团队工作中讲究团结友爱、互相合作。

理论知识辅导练习题

一、单项选择题（选择一个正确的答案，将相应的字母填入题内的括号中）

1. 某市一位幼儿园保教人员，在短短十几分钟时间里，狂扇一个女童几十个耳光，这一事件违背了保育员职业道德中（　　）的基本要求。

　A. 照顾幼儿、指导幼儿　　　　B. 丰富专业知识和技能

　C. 关爱幼儿、教育幼儿　　　　D. 丰富知识、教育幼儿

2. 爱岗敬业、热爱幼儿是保育员（　　）的最重要内容之一。

　A. 职业守则　　　　　　　　　B. 职业道德

　C. 道德　　　　　　　　　　　D. 职业修养

3. 职业是人们在社会中所从事的，并以此为生的具有特定职责的（　　）。

　A. 工作　　　　　　　　　　　B. 活动

　C. 专门性活动　　　　　　　　D. 特殊活动

4. 保育员要爱岗敬业，这要求保育员在工作中要（　　）。

　A. 直观形象进地行集体教育

　B. 只做好保育员的工作

　C. 既关爱幼儿又全心投入工作

　D. 把个人所有的精力投入到工作中来

5. 热爱幼儿要求保育员要完美地结合（　　），真正做到"俯下身来"与幼儿互动。

　A. 知识与能力　　　　　　　　B. 热爱与尊重

　C. 言传与身教　　　　　　　　D. 动机与行为

6. 职业是人们在社会中所从事的，并（　　）具有特定职责的专门性活动。

　A. 能创造一定效益的　　　　　B. 以此为生的

　C. 能获得一定报酬的　　　　　D. 能取得一定成就的

7. 保育员的职业特点要求保育员与教师彼此协调，相互宽容，这体现了保育员职业守则中（　　）的要求。

　A. 尊重家长群体　　　　　　　B. 尊重教师群体

　C. 发挥集体力量　　　　　　　D. 共同娱乐教育

8. 具有创新意识，积极开展教育和科学研究，探索新的科学的教育模式，在实践中拓宽视野，在教学中实现自我更新、自我完善是（　　）的基本要求。

　A. 爱岗敬业，热爱幼儿　　　　B. 文明礼貌，团结协作

C. 积极进取，开拓创新　　　　D. 为人师表，遵纪守法

二、判断题（将判断结果填入括号中，正确的填"√"，错误的填"×"）

1.（　　）职业道德是指人们在履行职责的过程中，在思想和行为上所必须遵循的道德规范。

2.（　　）保教结合要求保育员做好保育工作，教师做好教育工作。

3.（　　）教书育人是保育员岗位职责的基本要求。

4.（　　）保育员在施教的过程中加强与家长的交流与沟通是文明礼貌、团结协作的基本要求之一。

5.（　　）职业道德是指人们在履行职责的过程中，所必须遵循的行为准则和道德规范的总和。

6.（　　）职业是人们在社会中所从事的不同性质、不同内容、不同形式、不同操作的活动。

7.（　　）幼儿园教师的品德对幼儿品德的培养起到至关重要的作用。

8.（　　）对待家长，应根据其家庭情况区别对待。

参 考 答 案

一、单项选择题

1. C　2. A　3. C　4. C　5. B　6. B　7. C　8. C

二、判断题

1. ×　2. ×　3. √　4. ×　5. √　6. ×　7. ×　8. ×

第二章 卫生管理

考 核 要 点

卫生管理考核范围	考核要点	重要程度
清洁卫生	1. 环境中危害幼儿身体健康的因素	熟悉
	2. 制定清洁卫生制度的依据	掌握
	3. 制定清洁卫生制度的原则	掌握
	4. 修订幼儿园清洁消毒制度	掌握
	5. 健康隐患排查	掌握
	6. 幼儿应该养成的卫生习惯	掌握
	7. 培养幼儿良好卫生习惯的策略	掌握
消毒	1. 传染病的一般常识	熟悉
	2. 传染病流行时期的消毒	掌握
	3. 常见传染病的消毒方法	掌握

重点复习提示

一、清洁卫生

1. 环境中危害幼儿身体健康的因素

环境中危害幼儿身体健康的因素有很多，如空气污染、水源污染、光污染、土壤污染等。对于幼儿的身体健康而言，最主要的危害是空气污染和水源污染。

2. 制定清洁卫生制度的依据

制定学前教育机构清洁卫生管理制度的依据有三个：相关的法律法规文件、幼儿身心发展的需要、学前教育机构的实际情况。

3. 制定清洁卫生制度的原则

制定学前教育机构清洁卫生制度时应遵循三项原则：可行性原则、全面性原则和灵活性原则。

4. 修订幼儿园清洁消毒制度

科学、合理的清洁卫生制度是确保学前教育机构环境清洁的前提条件，也是保育员进行日常清洁卫生工作的主要依据。要修订幼儿园清洁消毒制度，必须了解《幼儿园工作规程》《托儿所幼儿园卫生保健管理办法》《中华人民共和国传染病防治法》等法律法规，熟知制定清洁卫生制度的依据和原则，掌握本幼儿园清洁卫生工作的基本流程和要求，确保所制定的卫生清洁制度有比较强的可操作性。

5. 健康隐患排查

（1）重在预防，制度先行。托幼机构必须严格执行国家、地方的法律法规，制定严格有效的管理制度、操作规程、应急演练预案。

（2）牢固树立健康安全意识。

（3）严格执行规章制度，强化技能。

6. 幼儿应该养成的卫生习惯

（1）个人清洁习惯。勤洗手、勤洗头、勤洗澡，不随地大小便，经常换洗衣服。

（2）保护牙齿的习惯。养成刷牙的习惯，避免进食过多甜食，适当补充维生素D和钙剂，多喝水，定期进行口腔检查。

（3）保护五官的卫生习惯。包括脸、耳、鼻、喉、口腔的保健。幼儿的五官需要进行保健，否则可能会影响他们以后的相貌。五官的保健还可以预防很多疾病。

7. 培养幼儿良好卫生习惯的策略

（1）榜样示范。

（2）生活体验。由身体性活动与直接经验而产生的感情和意识，使学习过程从认知、理性的范畴扩展到情感、人格和生理等领域的成长。

（3）行为强化。一般采用逐步进级的作业，并在完成作业时按情况给予奖励（即强化），以促使良好行为的次数增加。

（4）活动熏陶。在特定的环境中通过人、事、物等综合因素潜移默化地促进儿童行为的改变，培养良好习惯。

（5）家园协作。幼儿园、家庭、社区是对儿童发展影响最大、最直接的微观环境，是婴幼儿最早接触的社会文化环境，保育教育必须从特定的环境中婴幼儿所经历的活动、承担的角色及建立的人际关系出发，协调相关社会群体的力量，共同促进婴幼儿的发展。家园协作是贯彻落实《幼儿园教育指导纲要（试行）》《3~6岁儿童学习与发展指南》《托育机构保育指导大纲（试行）》等最重要的教育方式。

二、消毒

1. 传染病的一般常识

（1）常见传染病通常有四种传播途径：空气传播、食物传播、接触传播、虫媒传播。

（2）常见传染病的一般预防措施：控制传染源、切断传染途径、保护易感人群。

（3）常见传染病的潜伏期、隔离期和检疫期限

1）水痘潜伏期为14~16天；隔离至脱痂，患者隔离期最好不少于发病后的2周；接触者检疫期为21天。

2）流行性感冒潜伏期为1~2天；患者隔离期为退烧后2天或症状完全消失；接触者检疫期为最后一个病人发病后3天。

3）流行性腮腺炎潜伏期为16~18天；患者隔离期至腮腺肿胀完全消失为止，发病后10天；接触者检疫期为21天。

4）流行性乙型脑炎潜伏期10~14天；患者隔离期至体温正常为止；不检疫。

5）细菌性痢疾潜伏期为1~2天；患者隔离至病程结束停药5天，或两次粪

便培养为阴性；接触者检疫期为 7 天。

6）手足口病潜伏期为 2~7 天；患者隔离 2 周；接触者检疫期为 21 天。

2. 传染病流行时期的消毒

传染病消毒是利用物理或化学方法消灭停留在不同传播媒介上的病原体，以切断传播途径，控制传染病的发生发展。进行传染病消毒的目的主要体现在三个方面：一是防止病原体散播，杜绝传染病流行；二是防止患者被其他病原体再次感染，发生交叉感染；三是保护与幼儿密切接触的同伴、教师、保育员及医护人员免于感染。

传染病流行时期的消毒分为疫源地消毒和预防性消毒两种。疫源地消毒是指对有传染源（患者或病原携带者）存在的地区进行的消毒，以免病原体外传。疫源地消毒又分为随时消毒和终末消毒两种。随时消毒是指及时杀灭并消除由传染源排出的病原微生物而进行的随时的消毒工作。终末消毒是指对传染源活动场所进行的彻底消毒，以期将传染源所遗留的病原微生物彻底消灭。预防性消毒是指在未发现传染源的情况下，对可能被病原体污染的物品、场所和人体采取消毒措施，如公共场所消毒、运输工具消毒、饮水及餐具消毒、饭前便后洗手。

3. 常见传染病的消毒方法

（1）常见呼吸道传染病

1）开窗通风，加强空气流通，每日紫外线照射 30~60 min 进行空气消毒。

2）用 1∶100 的 84 消毒溶液对桌椅、玩具橱、门把手等幼儿经常接触的设施、生活用品进行消毒。

3）可以浸泡的塑料玩具用 1∶200 的 84 消毒液进行 30 min 的浸泡消毒，耐热的玩具在开水中煮沸消毒 15 min，怕湿怕烫的玩具在烈日下暴晒 4~6 h，电子、电动玩具中经常被幼儿触摸的部分可用 75% 的酒精擦拭。

4）床单、枕巾、被罩、枕套等耐热、耐湿的纺织品可煮沸消毒 20 min，床垫、枕芯、棉被可放在阳光下暴晒 4~6 h。

（2）常见消化道传染病和接触性传染病

1）对幼儿的呕吐物或大小便用相当于粪便量 1/5 的干漂白粉进行充分搅拌，放置 2 h，倒掉并对用具进行消毒液浸泡消毒。

2）对厕所用 1∶100 的 84 消毒液进行喷洒消毒。

3）对幼儿的食具、水杯、毛巾、衣物煮沸 15 min 或用消毒液浸泡消毒，将被褥在阳光下暴晒 6 h。

4）凡是与患儿有过密切接触的幼儿和工作人员应马上用肥皂和流动水洗手。

理论知识辅导练习题

一、单项选择题（选择一个正确的答案，将相应的字母填入题内的括号中）

1. 消毒的目的是（　　）。
    A. 杀灭病原体　　　　　　　　B. 清洁
    C. 接受检查　　　　　　　　　D. 让人放心

2. 清洁桶的清洗方法是（　　）。
    A. 用清水清洗　　　　　　　　B. 用清水和清洁剂清洗
    C. 用湿抹布擦拭　　　　　　　D. 用开水清洗

3. 只有在（　　）时，患儿接触班幼儿方可解除隔离。
    A. 检疫期满无症状　　　　　　B. 检疫期未满无症状
    C. 检疫期未满有症状　　　　　D. 检疫期满有症状

4. 制定托幼机构卫生清洁制度的依据是（　　）。
    A. 相关法律法规　　　　　　　B. 婴幼儿身心发展需要
    C. 托幼机构的实际情况　　　　D. 以上都包括

5. 下列疾病属于呼吸道传染病的是（　　）。
    A. 流行性腮腺炎　　　　　　　B. 细菌性痢疾
    C. 感染性腹泻　　　　　　　　D. 乙肝

6. 手足口病的传播方式是（　　）。
    A. 食物传播　　B. 空气传播　　C. 接触传播　　D. 虫媒传播

7. （　　）是指对传染源活动场所进行的彻底消毒，以期将传染源所遗留的病原微生物彻底消灭。

A. 疫源地消毒 B. 终末消毒
C. 预防性消毒 D. 随时消毒

8. 下列疾病的传播方式属于虫媒传播的是（　　）。

    A. 乙型脑炎 B. 甲型肝炎
    C. 流行性腮腺炎 D. 红眼病

9. 疱疹性咽峡炎的检疫期是（　　）天。

    A. 3 B. 21 C. 6 D. 12

10. 病毒性腹泻的潜伏期是（　　）天。

    A. 7~14 B. 1~3 C. 10~14 D. 2~10

11. 水痘的隔离期是（　　）。

    A. 全部结痂，但不少于病后3天 B. 全部结痂，但不少于病后7天
    C. 全部结痂，但不少于病后10天 D. 全部结痂，但不少于病后14天

12. 排查环境中的危险危害因素前的操作准备内容包括（　　）。

    A. 记录表 B. 排查隐患流程表
    C. 排查工具 D. 以上都包括

13. 幼儿擦手巾和（　　）要保持每日更换，应及时排查是否按名字对应摆放到位。

    A. 盥洗盆 B. 毛巾 C. 肥皂 D. 杯具

14. 幼儿卫生习惯培养的体验式教学要适应托幼机构幼儿（　　）特点。

    A. 心理发育 B. 健康状况 C. 年龄段 D. 身体发育

15. 托幼机构中小红花榜采用的是（　　）的方式。

    A. 榜样示范法 B. 生活体验
    C. 行为强化 D. 活动熏陶

16. 灭杀或消除传播媒介上的病原微生物，使其达到无害化，这种操作是（　　）。

    A. 卫生 B. 清洁 C. 灭菌 D. 消毒

二、多项选择题（选择至少2个正确的答案，将相应的字母填入题内的括号中）

1. 以下选项中（　　）属于夏季三餐散热保洁的原则。
   A. 缩短运送饭菜的时间　　　　B. 给盛饭菜的容器加盖一个网罩
   C. 将饭菜放在窗台上　　　　　D. 将饭菜端至电风扇附近
   E. 将饭菜放在室外开盖降温

2. 对甲肝患儿的粪便及容器应该采用（　　）的方法消毒。
   A. 擦拭　　　　　　　　　　　B. 与漂白粉搅拌混合
   C. 蒸煮　　　　　　　　　　　D. 消毒液浸泡
   E. 空气熏蒸

3. 室内空气消毒应注意（　　）。
   A. 消毒过程中幼儿不得进入　　B. 开窗进行
   C. 门窗关闭严密　　　　　　　D. 消毒过程中幼儿可进入
   E. 保持一定时间

4. 幼儿园常用的消毒方法有（　　）。
   A. 暴晒消毒　　　　　　　　　B. 风干
   C. 化学消毒　　　　　　　　　D. 高温蒸汽消毒
   E. 洗涤用品清洗

5. 幼儿园发现猩红热后，可采用的消毒方法有（　　）。
   A. 暴晒消毒　　　　　　　　　B. 擦拭消毒
   C. 粪便消毒　　　　　　　　　D. 开窗通风
   E. 空气消毒

6. 幼儿患病毒性肝炎后，幼儿园应该做到（　　）。
   A. 对患儿所在班进行消毒　　　B. 患儿所在班幼儿一切如常
   C. 让患儿多参加园内集体活动　D. 对患儿所在班全体幼儿进行检疫
   E. 隔离患儿

7. 环境中危害婴幼儿身体健康的因素很多，对于婴幼儿的身体健康而言，最主要的危害因素是（　　）。

A. 空气污染　　　　　　　　B. 光污染

C. 土壤污染　　　　　　　　D. 水源污染

E. 噪声污染

8. 光污染的危害主要有（　　）。

A. 扰乱生物钟　　　　　　　B. 伤害眼睛

C. 破坏免疫系统　　　　　　D. 出现恶心呕吐、失眠症状

E. 诱发神经系统疾病

9. 托幼机构制定卫生清洁制度依据的法律法规有（　　）。

A.《幼儿园工作规程》

B.《托儿所幼儿园卫生保健管理办法》

C.《托儿所幼儿园卫生保健工作规范》

D.《中华人民共和国传染病防治法》

E.《餐饮业和集体用餐配送单位卫生规范》

10. 对活动室内物品进行危险危害因素排查的内容包括（　　）。

A. 物品是否摆放整齐、归纳到位

B. 幼儿可碰触到的危险物品是否收纳到位

C. 消毒剂、洗涤剂等化学物品是否存放到幼儿触碰不到的地方

D. 班级药箱是否存在过期的消毒水、创可贴、药膏等

E. 幼儿的水杯、毛巾是否摆放整齐到位

11. 盥洗室危险危害因素排查内容包括（　　）。

A. 地面有无水渍　　　　　　B. 洗手台物品是否摆放整齐

C. 下水道排水口是否通畅　　D. 室内窗户是否关闭

E. 开关插座、线路是否定期检查

12. 下列属于环境中危险危害因素的是（　　）。

A. 盥洗室地面湿滑　　　　　B. 户外游乐设施螺丝松动

C. 楼梯栏杆间隙大于 15 cm　D. 睡眠床边有毛刺

E. 消毒剂放在洗手台上

13. 培养幼儿良好卫生习惯的策略有（　　）。

    A. 榜样示范　　　　　　　　B. 生活体验

    C. 行为强化　　　　　　　　D. 家园协作

    E. 活动熏陶

14. 幼儿卫生习惯培养体验式教学的实施路径包括（　　）。

    A. 明确目标　　　　　　　　B. 转变角色

    C. 落实体验　　　　　　　　D. 提供指导

    E. 总结反思

15. 进行传染病消毒的目的是（　　）。

    A. 防止病原体传播　　　　　B. 帮助产生抗体

    C. 防止患儿再次感染　　　　D. 保护易感人群

    E. 防止交叉感染

16. 预防呼吸道传染病的具体措施有（　　）。

    A. 室内定期开窗通风

    B. 进行室内紫外线消毒

    C. 对幼儿的物品进行消毒

    D. 用消毒液对便盆进行消毒

    E. 教育幼儿在呼吸道传染病流行季节不到公共场所

三、判断题（将判断结果填入括号中，正确的填"√"，错误的填"×"）

1. （　　）消化道传染病发生后，应开窗通风进行消毒。

2. （　　）班级有幼儿发生流感后，患儿所在班应该彻底通风换气。

3. （　　）因为动物会携带病菌，所以其笼舍应远离食堂。

4. （　　）对患儿所在班的检疫期限与潜伏期有关。

5. （　　）给幼儿拔刺后，只需对其伤口部位消毒即可。

6. （　　）幼儿应该远离消毒液和杀虫剂。

7. （　　）托幼机构的卫生清洁制度一旦制定好就必须严格执行，不能更改。

8.（　　）保育员在执行托幼机构卫生清洁制度的同时还要取得家长的配合，以形成有效的家园合力。

9.（　　）盥洗室是托幼机构使用频次最高的区域，及时排查隐患是降低风险和减少事故发生的常规工作。

10.（　　）行为强化是培养幼儿良好卫生习惯行之有效的方法之一。

11.（　　）培养幼儿良好的卫生习惯，家园协作能够发挥重要作用。

12.（　　）传染病患儿在家隔离期间，保育员应上门看望。

13.（　　）疫源地消毒可分为随时消毒和终末消毒两种。

14.（　　）将含氯消毒剂和酸性清洁剂共同使用可以达到最佳消毒效果。

15.（　　）保育员在实施消毒作业后应对自身衣物进行消毒。

16.（　　）发生病毒性传染病时可用臭氧消毒灯照射进行加强消毒。

参 考 答 案

一、单项选择题

1. A　2. B　3. A　4. D　5. A　6. C　7. B　8. A　9. C　10. B
11. D　12. D　13. B　14. C　15. C　16. C

二、多项选择题

1. BD　2. BD　3. ACE　4. ACD　5. DE
6. ADE　7. AD　8. ABD　9. ABCD　10. ABCD
11. ABCE　12. ABCDE　13. ABCDE　14. ABCDE　15. ACDE
16. ABE

三、判断题

1. ×　2. √　3. √　4. √　5. ×　6. √　7. ×　8. √　9. √　10. √
11. √　12. ×　13. √　14. ×　15. √　16. √

第三章 生活管理

考 核 要 点

生活管理考核范围	考核要点	重要程度
防范意外伤害	1. 造成幼儿意外伤害的隐患	熟悉
	2. 幼儿意外伤害的程度及处理原则	熟悉
	3. 常见小外伤的处理方法	掌握
	4. 常见安全事故的处理方法	掌握
	5. 安全教育常识	掌握
	6. 安全自护教育	掌握
组织进餐	1. 幼儿体弱的原因、表现及危害	掌握
	2. 体弱儿的饮食调节知识	了解
	3. 对体弱儿的进餐指导	掌握
	4. 幼儿肥胖的病因、表现及危害	掌握
	5. 肥胖儿饮食调节知识	了解
组织盥洗如厕	1. 幼儿尿频的症状、原因及处理方法	掌握
	2. 幼儿尿黄的症状、原因及处理方法	掌握
	3. 幼儿尿血的症状、原因及处理方法	熟悉
	4. 幼儿腹泻的症状、原因及处理方法	掌握
	5. 幼儿便秘的症状、原因及处理方法	掌握
	6. 幼儿痢疾的症状、原因及处理方法	了解
组织睡眠	1. 幼儿睡眠中鼻出血的原因及处理方法	掌握
	2. 幼儿睡眠中咳嗽的原因及处理方法	掌握
	3. 幼儿睡眠中打鼾的原因及处理方法	了解
	4. 幼儿睡眠中磨牙的原因及处理方法	掌握

续表

生活管理考核范围	考核要点	重要程度
组织睡眠	5. 幼儿习惯性阴部摩擦的原因及处理方法	掌握
	6. 幼儿夜惊或梦游的原因及处理方法	了解
	7. 幼儿吮吸手指的原因及处理方法	熟悉
	8. 幼儿恋物习惯倾向的原因及处理方法	掌握
	9. 睡眠观察记录的内容和记录方法	掌握

重点复习提示

一、防范意外伤害

1. 造成幼儿意外伤害的隐患

造成幼儿意外伤害的隐患主要有：活动场地（室外场地和室内场地）常见的安全隐患、设备设施的安全隐患、大型体育器械的安全隐患、活动材料的安全隐患、生活环节（进餐、饮水、睡眠、如厕、活动）中的安全隐患。

2. 幼儿意外伤害的程度及处理原则

意外伤害事故分为轻度、中度、重度三种。处理原则是：先挽救生命，后防止残疾，最后减少痛苦。

3. 常见小外伤的处理方法

（1）擦破皮肤的处理。如果伤口比较浅，只需将伤口的泥沙清理干净，方便的话涂上红药水或紫药水消毒即可。如果伤口比较深、有出血，应该用净水或生理盐水清洁伤口，并用酒精消毒伤口，再用干净的纱布、手绢、毛巾扎紧出血处，即可止血。若伤势较重，应首先要及时止血，以防失血过多，危及幼儿生命。在伤口上加一层棉花、纱布之类的软垫，再用较长、较宽的布带子缠紧以临时止血，然后快速送往医院进行处理。

（2）挤伤的处理。如果没有破损，可用水冲洗后进行冷敷即可，以减轻痛苦；如果伤口出血，应该先消毒再进行适当的包扎；如果指甲掀开或脱落，应立即去医院处理。

（3）扎刺的处理。先将伤口用净水或生理盐水清洗；用消毒过的针或镊子顺着刺的方向把刺全部挑、拔出来，不要有残留，然后挤出淤血；用酒精消毒伤口；如果刺扎在指甲或难以拔出的位置，应送医院处理。

（4）划伤、割伤的处理。用干净的纱布按压伤口止血；在伤口周围用消毒酒精由里向外消毒，然后敷上纱布，用绷带扎紧。如果是由玻璃器皿划伤，应先用清水清理伤口，再用镊子清除碎玻璃片，消毒后进行包扎。

（5）蚊虫咬伤的处理。被蚊子叮咬后，可用清凉油、花露水等涂于患处，或用肥皂水止痒；被蜜蜂和洋辣子蜇伤时，伤口处疼痛红肿，可先用橡皮膏将皮肤中的刺粘出来，再用肥皂水涂于伤处；如果是被黄蜂蜇伤，可用食醋涂于患处。

4. 常见安全事故的处理方法

（1）脱臼的处理。对脱臼的关节要限制活动，以免加重伤势。争取时间及早复位，即用正确的手法将脱出的骨端送回原处。如果对骨骼组织不熟悉，则不要随意复位，以免引起血管或神经的更大损伤。这时应将脱臼的关节用绷带等固定好，送医院处理。局部冷敷可以减轻疼痛。脱臼有可能合并骨折，遇到这种情况，应及早送往医院治疗。

（2）摔伤、扭伤及骨折处理

1）四肢骨折的处理。在断肢上垫些软物，用木板（竹片、硬纸板均可）将断肢及上下关节固定，再缠上绷带，及时送往医院救治。

2）头部骨折的处理。用沙袋、衣物将头固定，使之不晃动。

3）凡怀疑伤及腰部者，应严禁伤者走路、弯腰。应找硬木板或门板作为担架，将患者固定在担架上。严禁背、抱伤者或用软担架抬送，这样容易使断骨刺伤骨髓，造成截瘫。

（3）异物入体的处理。包括入眼、入鼻孔、入外耳道、入咽部、入气管的处理。

（4）食物中毒的处理。让中毒者喝下大量清水，用筷子、手指等刺激其舌根部，以引起呕吐，反复进行。如果进食毒物超过4 h，毒物已入肠道，此时洗胃无效，要让患儿喝大量稠米汤、蛋清、牛奶，以保护胃肠黏膜，并立即送往医院救治。

（5）烧烫伤的处理。立即用干净冷水冲洗创面，一般要持续冲洗 20 min，可冲下创伤面的脏污，并减轻疼痛，缩小红肿范围。还可以用醋或肥皂水轻轻擦洗创面，以保持清洁，并起到止痛和防止起水疱的作用。如创面已起水疱，可用干净纱布盖好，使疱内水分慢慢被吸收，不要将其挑破，否则易造成感染。大面积的严重烧烫伤及头面部烧烫伤，要立即送医院救治。

（6）溺水的处理

1）倒水。使落水的幼儿俯卧在大人肩头，头朝下，足朝上，不时颤颤，使其将水从体内倒出。

2）人工呼吸。使落水幼儿仰卧，头尽量后仰，并清除口腔堵塞物。一手托其下颌，使呼吸通畅，另一手捏其口鼻，口对口吹气，然后松开鼻孔，使气体因胸廓的自动下落而排出。吹气的力量不要过大，对幼儿每分钟进行 20 次人工呼吸，吹气排气的时间比为 1∶2。如果溺水幼儿牙关紧闭，可采取口对鼻的方法进行人工呼吸。

3）胸外按压。如果溺水幼儿心跳停止，在做人工呼吸的同时还应进行胸外按压。方法是让溺水幼儿仰卧，将手掌放在其胸骨中段，适度用力，有节奏、带冲击性地按压，每分钟 60~100 次。

（7）触电的处理。尽快切断和脱离电源，包括立即关闭电源，或用竹竿、木棒等非导电物体将电线从触电幼儿的身上挑开。脱离电源的幼儿如果心跳、呼吸停止，应该立即进行胸外按压和人工呼吸，然后立即送往最近的医院急救。

（8）中暑处理。迅速撤离高温环境，选择阴凉通风的地方，解开患儿衣扣，平卧休息。用扇子扇风，用凉毛巾冷敷头部，还可以在额部涂抹清凉油、风油精等，帮助患儿散热。让患儿多饮用一些含盐分的清凉饮料，或服用仁丹、十滴水、藿香正气水等中药。对于重症中暑者，还应该迅速将其送至医院，采取综合措施进行救治。

（9）惊厥（抽风）的处理。让患儿侧卧，以便及时排出分泌物，随时擦去痰涕，防止异物进入气管。松开患儿衣领、裤带，保持血液循环畅通。可轻按患儿抽动的下肢，保持侧卧位，不可搂紧患儿。将毛巾或手绢拧成麻花状放于患儿上、下牙之间，以免患儿咬伤舌头，但如果患儿牙关紧闭，无法塞入毛巾也不可硬撬。用针刺或用拇指掐患儿人中穴（即唇沟的上 1/3 处），同时做好去医院的准备。患儿惊厥稳定后，必须去医院检查治疗。

5. 安全教育常识

安全教育常识主要包括防火、防触电、防溺水、防交通事故、防毒、常见安全标志、求救等知识。

6. 安全自护教育

（1）生活和活动方面，包括饮食、着装、居住、睡眠、行路安全、疾病、活动的相关知识等。

（2）意外情况下的自我保护，包括防丢失、防拐骗、防坏人进家、防自然灾害以及心理防护能力的培养等知识。

二、组织进餐

1. 幼儿体弱的原因、表现及危害

（1）幼儿体弱的原因：不良的饮食习惯、疾病、不合理用药、微量元素缺乏、维生素 D 缺乏等。

（2）幼儿体弱的表现：体重增长缓慢，甚至长时间不增长，身高和体重都低于同龄儿童的正常水平，同时伴有营养不良、佝偻病、贫血等疾病。体弱儿通常抵抗力低下，面黄肌瘦，厌食，食量小，进食速度慢，容易感冒并反复发作。

（3）幼儿体弱的危害：体弱会导致幼儿生长发育迟缓，甚至停滞，进而影响大脑的发育，危害幼儿的身心健康。

2. 体弱儿的饮食调节知识

（1）体弱而脾虚的幼儿通常肠胃功能较差，应尽量少吃凉性的食物。

（2）虚寒体质的幼儿可以多吃一些温热性的食物。

（3）容易反复感冒的幼儿可以多吃富含维生素 C 的食物。

（4）对于敏感体质的幼儿，保育员应学习相关的知识，了解哪些食物会引起幼儿过敏反应。

（5）进餐时，创设良好的进餐环境，提供美味可口的食物，让体弱儿保持愉快的心情，这些都有利于改善体弱儿的饮食习惯。

3. 对体弱儿的进餐指导

（1）对营养不良幼儿的进餐指导。首先，保育员应帮助体弱儿改善不良的饮食习惯。其次，了解他们的进食量、进食速度，以及对食物的偏好，以便根据该幼儿的需求及时提供营养均衡全面的膳食，激发其食欲，达到逐渐改变幼儿身体状况的目的。

（2）对反复呼吸道感染幼儿的进餐指导。保育员应把握好该幼儿的进食量，多提供营养丰富且易消化的食物，以及富含维生素和铜元素的食物，如苹果、胡萝卜、蘑菇、动物肝脏等。

（3）对敏感体质（食物过敏）幼儿的进餐指导。保育员一方面要密切联系家长，了解过敏体质幼儿的过敏原，另一方面要学习相关的知识。在分发饭菜时，保育员应对敏感体质的幼儿给予特别的关注，避免幼儿误食致敏食物。

（4）对患有维生素 D 缺乏症的幼儿的进餐指导。如果是母乳喂养的幼儿，注意在让母乳摄取充足维生素 A 和维生素 D 的同时，每日给幼儿服维生素 D 500～1 000 国际单位，连续服用至 2 岁或 3 岁。及时给幼儿添加富含维生素 D 和钙的辅助食品。1 岁以上的幼儿多吃含钙丰富又易吸收的绿叶蔬菜、奶制品、豆类和骨头汤等。

（5）对发育迟缓幼儿的饮食指导。一方面应有意识地让他们多活动以产生饥饿感，另一方面注意给他们提供均衡营养的膳食，借助食物本身的色、香、味、形的特点来吸引他们；通过保育员亲切和蔼的语言鼓励他们，帮助其克服挑食、偏食、厌食的毛病，以期通过饮食和良好生活习惯的养成来促进他们的生长发育。

4. 幼儿肥胖的病因、表现及危害

（1）幼儿肥胖的病因：幼儿肥胖大多是生理性肥胖，由于糖或脂肪摄入过多而运动相对较少，摄入的热量远远大于消耗的热量，多余的热量转化为脂肪堆积在体内就会引起肥胖。此外，遗传因素也是幼儿肥胖的一个重要原因。

（2）幼儿肥胖的表现：幼儿肥胖通常表现为体内脂肪大量堆积，体重超过正常标准；暴饮暴食、偏食挑食、过度偏好高热量、高糖分、高脂肪食物；体态臃肿，行动不便，懒于活动，喜欢静坐；人际交往少，性格相对孤僻等。

（3）肥胖对幼儿的危害：肥胖会导致各种疾病，不仅危害幼儿的身体健康，而且危害幼儿的心理健康；肥胖对幼儿的性格塑造、气质培养、习惯养成及社会交往能力发展等方面都会造成不良影响。

5. 肥胖儿饮食调节知识

对于单纯因喂养过量而造成的肥胖儿，不需要药物治疗，只需加强饮食的管理，适当增加体力活动就可使体重逐渐减轻，如注意饮食要清淡、食物选择科学、三餐搭配合理、蔬菜瓜果丰富等。

对肥胖儿的进餐指导包括四个方面：调整进食顺序、限制进食量、控制进食速度、注意进食卫生。

三、组织盥洗如厕

1. 幼儿尿频的症状、原因及处理方法

（1）症状。幼儿尿频是指白天尿急，每 10~20 min 排尿 1 次，没有烧灼感和尿失禁，也无排尿困难，多见于 3~8 岁的儿童，特别是春秋季节。尿频的典型症状就是排尿次数增多。

（2）原因。饮食因素、季节因素、生理因素、心理因素、疾病因素等。

（3）处理方法。幼儿出现尿频时，保育员应查明原因，做出正确的处理。

1）如果是由于饮食方面的因素引起的尿频，保育员应做相应调整，适当减少食物中汤菜的数量，不要让幼儿喝过量的水。

2）如果是由于生理或季节因素引起的尿频，保育员只需正确指导幼儿及时排尿就可以了。千万不要过多干预，否则造成幼儿精神紧张反而会适得其反，甚至会加重尿频症状。

3）如果幼儿尿频是由于心理方面的因素引起的，保育员应采取温和的言语和态度，不训斥、不责骂，耐心对待，使幼儿精神放松。

4）如果幼儿尿频是由于疾病因素引起的，保育员应及时与家长沟通，进行相应的治疗，不要贻误病情。

2. 幼儿尿黄的症状、原因及处理方法

（1）症状。尿黄是指尿液呈现深黄色或浑浊不透明。

（2）原因。幼儿尿黄的原因通常与饮水、饮食、药物、疾病有很大的关系。

（3）处理方法。及时给幼儿补充水分，每日上、下午各1~2次集中饮水，1~3岁幼儿每次饮水量50~100 mL，3~6岁幼儿每次饮水量100~150 mL，并根据季节变化酌情调整饮水量。调整幼儿的饮食，多吃新鲜的瓜果蔬菜。如果症状没有减轻或消失，就要考虑是否患有其他疾病导致的尿黄，保育员应及时与家长联系，及早治疗。

3. 幼儿尿血的症状、原因及处理方法

（1）症状。尿液中带血即为血尿，又称尿血。尿中红细胞排泄增多，轻者仅在显微镜下能够看到红细胞增多，重者尿液外观呈洗肉水样或含有凝血块。

（2）原因。造成血尿的主要原因是泌尿系统疾病。

（3）处理方法。通常出现尿血症状时都是比较严重的情况，一旦发现应及时就医。

4. 幼儿腹泻的症状、原因及处理方法

（1）腹泻的类型及症状

1）轻型腹泻。大便次数明显增多，每日3~10次，呈蛋花样或稀粥状，颜色多为黄色或黄绿色，有酸臭味。患儿精神状态良好，体温正常或有低热，食欲减退，偶有恶心、呕吐，尿少，出现脱水症状。

2）重型腹泻。大便次数高达每日10次以上，水分增多，粪块消失呈水样，颜色为黄色或黄绿色，有腥臭味。患儿精神不振，食欲低下，出现高热、呕吐、体重减轻，脱水症状明显。

3）生理性腹泻。每天大便几次甚至十几次，大便量不一定很多，呈蛋花样，颜色为黄色，一般没有特殊腥臭味。

（2）腹泻的原因。病毒或细菌感染、生理发育不成熟、药物、饮食、气候等。

（3）处理方法

1）如果大便呈糊状，带有腐臭味，说明幼儿因进食过多而导致消化不良，

保育员只要调节好饮食即可。

2）如果大便呈蛋花状的稀水便，而且次数明显增多，但没有其他不适的症状，这说明幼儿可能食用了不洁或变质的食物，导致急性肠胃炎，保育员需要立即联系家长，及时将患儿送到医院。

3）如果大便呈蛋花样但没有臭味，可能是感染了病毒。如果是脓血便，应考虑是否感染菌痢。此时应立即联系家长，及时进行治疗。

4）幼儿腹泻时应及时补充水分，防止脱水。饮食方面要注意提供温热、好消化的饭菜，同时注意对于腹泻症状严重的幼儿，及时送往医院诊治。

5. 幼儿便秘的症状、原因及处理方法

（1）症状。便秘的常见症状是粪便干硬，排便次数明显减少，通常是2~3天或更长时间排便一次，没有规律，并伴有排便困难。有的便秘患儿的粪便前干后软，大便次数较多，但是总有便意却排不干净。

（2）原因。饮食不当、精神紧张、疾病、药物等的影响都会造成便秘。

（3）处理方法

1）养成良好的饮食习惯。幼儿的饮食应多样化，食物注意粗细搭配、荤素搭配，多吃蔬菜瓜果，多吃富含纤维素和矿物质的食物。

2）养成良好的排便习惯。可以选择早晨起床或早餐后1 h作为幼儿的固定排便时间。在排便前可以先给幼儿喝杯果汁或蜂蜜水，以起到润肠排便的作用。

3）减少药物影响。避免长期服用引起便秘的药物，如葡萄糖酸钙、碳酸钙、氢氧化铝等。当幼儿便秘时，尽量不要借助泻药，以免形成药物依赖。

4）加大运动量。适度的运动可以促进胃肠蠕动，有利于幼儿排便顺畅。

6. 幼儿痢疾的症状、原因及处理方法

（1）普通型细菌性痢疾

1）症状。患儿可出现发热、腹痛、腹泻等症状。排泄物有黏液或脓血，便后有下坠感。

2）原因。普通型细菌性痢疾多由食用不洁食物引起。

3）处理方法。平时教育幼儿不要吃不清洁的食物，养成饭前便后洗手的良好习惯。

（2）中毒型细菌性痢疾

1）症状。中毒型细菌性痢疾是以中毒症状为主的细菌性痢疾。此病起病急，患儿常有高热、抽搐、畏寒、呼吸不畅等症状，腹泻症状出现较晚，但腹泻频繁，里急后重感明显，可加重脱水和酸中毒的症状。

2）处理方法。发病后应及时治疗，否则会有生命危险。治疗主要是抗感染，维持机体的水、电解质平衡，纠正酸中毒。

四、组织睡眠

1. 幼儿睡眠中鼻出血的原因及处理方法

（1）原因。鼻外伤、气候、体质因素、疾病、鼻腔异物、维生素缺乏、遗传等。

（2）处理方法。用拇指和食指压住幼儿的鼻翼两侧，压向鼻中隔部位，同时将湿毛巾放在幼儿的额上冷敷，再用干净的纸巾或湿巾将鼻血擦净。

2. 幼儿睡眠中咳嗽的原因及处理方法

（1）原因。感冒、过敏、冷空气、饮食不当等。

（2）处理方法。将幼儿头部抬高或让幼儿坐起来，按照自下而上的顺序轻敲背部。也可给幼儿倒半杯温水，让其小口喝下。

3. 幼儿睡眠中打鼾的原因及处理方法

（1）原因。呼吸不畅、睡姿不良、疾病影响、肥胖、遗传因素等。

（2）处理方法。使幼儿养成仰卧的习惯，打鼾的幼儿可以侧卧；及时治疗疾病；对于打鼾的肥胖儿，首先要做的是控制体重。

4. 幼儿睡眠中磨牙的原因及处理方法

（1）原因。精神因素、肠道寄生虫病、营养不良或其他疾病因素。

（2）处理方法。保持良好的精神状态，及时服药，合理饮食，做好口腔卫生。

5. 幼儿习惯性阴部摩擦的原因及处理方法

（1）原因。幼儿穿的裤子过紧或生殖器瘙痒，引起刺激就会不自觉地去抓挠、抚弄。精神紧张、焦虑，或孤独、无所事事也是引起幼儿习惯性阴部摩擦的一个主要原因。成人逗弄幼儿的生殖器，使得幼儿也把生殖器当玩具来玩，

（2）处理方法。触摸或玩弄生殖器是婴幼儿时期比较常见的一种行为，尤其在入睡前更为多见。保育员应正确对待婴幼儿的这种行为并给予正确的引导。

1）建议家长给孩子穿着宽松、舒服的衣裤，以减少对阴部的刺激。

2）保持幼儿生殖器官的清洁、干爽。

3）睡眠时，将幼儿的双手放在被子外面，待睡熟后再放进被子里。

4）保育员对待幼儿的态度要温和，当幼儿出现这种行为的时候，可以通过转移注意力的方法来阻止这种行为，切不可斥责、打骂。

5）发现幼儿有习惯性阴部摩擦的行为后，保育员与教师要及时与家长沟通并取得家长的配合，逐渐纠正幼儿的这种行为。

6. 幼儿夜惊或梦游的原因及处理方法

（1）原因。幼儿夜惊或梦游与其年龄小、睡眠过程没有发育成熟有关。精神过度紧张、焦虑是导致幼儿夜惊或梦游的另一重要原因。

（2）处理方法。夜惊与梦游通常会随着年龄的增长而自然消失，一般情况下不需要进行药物治疗。

1）做好夜惊或梦游的预防工作。如睡前不讲恐怖故事，让他们轻松愉悦地自然入睡。密切观察患儿的表现，加强与患儿家长的沟通，及时了解并掌握患儿的心理状态，进行相应的心理疏导。

2）当幼儿夜惊或梦游发作时，保育员应沉着镇静，看护好患儿，防止发生意外。病情发作过后，帮助患儿盖好被子，让其重新入睡。

7. 幼儿吮吸手指的原因及处理方法

（1）原因。吮吸手指的行为与幼儿的生理、心理因素有关，也受成人态度强化的影响。

（2）处理方法。保育员可以采取相应的措施，有针对性地进行教育引导，帮助幼儿改掉不良的行为习惯。

1）给幼儿营造一个温馨、安静、宽松的睡眠环境。

2）多给幼儿一些关爱，让他感受到爱的气息。

3）对性格孤僻、内心焦虑的幼儿要特别给予关注，引导他多参加集体活动，转移他的注意力，让他感受到活动的快乐和集体的温暖。

4）保育员要和蔼可亲，一旦发现吮吸手指的行为既不能一味斥责，也不能不闻不问。必要时可联系家长，取得他们的配合。

8. 幼儿恋物习惯倾向的原因及处理方法

（1）原因。恋物习惯是指幼儿在生活中，尤其是在睡眠时特别依恋某个物品而养成的一种经常性的习惯倾向。这种习惯倾向在婴幼儿时期比较常见，多发生于睡眠过程中。原因可以归结为两个方面：一是幼儿身心发展的需要，二是幼儿社会性发展的需要。

（2）处理方法

1）与幼儿建立良好的关系。

2）转移幼儿的注意力。

3）加强与家长的沟通、协作。

9. 睡眠观察记录的内容和记录方法

睡眠观察记录的内容包括入睡时间、巡查情况、异常情况处理及睡醒时间。建议设计适合班级的睡眠观察记录表。

每次观察记录完将物品放在指定位置，以便于之后直接取用。定期对观察记录进行统计，总结出班级幼儿总体入睡时间、较晚入睡的幼儿有哪些、有异常情况的幼儿有哪些等。及时进行反馈，一方面与班级教师讨论针对有异常情况幼儿的睡眠习惯培养方式，加强观察引导，另一方面协助班级教师向家长反馈，更好地进行家园合作。

理论知识辅导练习题

一、单项选择题（选择一个正确的答案，将相应的字母填入题内的括号中）

1. 婴幼儿容易感冒的原因是（　　）。

    A. 婴幼儿皮肤毛细血管网稀疏，皮肤表面积相对较大，神经系统对体温的调节不稳定

    B. 婴幼儿皮肤毛细血管网稀疏，皮肤表面积相对较小，神经系统对体温

C. 婴幼儿皮肤毛细血管网密，皮肤表面积相对较小，神经系统对体温的调节不稳定

D. 婴幼儿皮肤毛细血管网密，皮肤表面积相对较大，神经系统对体温的调节不稳定

2. 对待幼儿习惯性阴部摩擦错误的做法是（　　）。
   A. 转移注意力　　　　　　　B. 让幼儿活动起来
   C. 幼儿困倦时再上床睡觉　　D. 大声批评幼儿

3. 婴幼儿要想摄取钙应尽量多地（　　）。
   A. 吃菜　　　B. 晒太阳　　　C. 吃面食　　　D. 吃炸食

4. （　　）中含维生素 C 较少。
   A. 泡辣椒　　B. 辣椒　　　C. 山楂干　　　D. 山楂果酱

5. 不同原因引起的尿频症状是不同的，但其典型症状均是（　　）。
   A. 尿量增多　　　　　　　B. 尿排不尽
   C. 排尿次数增多　　　　　D. 尿色发黄

6. 幼儿在尿频的同时出现尿急、尿痛，甚至发热等症状，可能是（　　）。
   A. 糖尿病　　B. 肾炎　　　C. 尿崩症　　　D. 尿路感染

7. 幼儿排尿次数突然增多，但每次尿量很少，没有其他不适感觉，出现这种症状的原因可能是（　　）。
   A. 喝了大量的水　　　　　B. 吃了过咸的食物
   C. 精神受到刺激　　　　　D. 生理发育不成熟

8. 幼儿出现尿黄现象首先要考虑的是（　　）。
   A. 食欲不振　　B. 饮水量少　　C. 出汗多　　　D. 体温高

9. 如果幼儿食用了含（　　）、胡萝卜素等脂溶性营养素的食物或药物，也会出现尿黄现象。
   A. 维生素 D　　B. 维生素 C　　C. 维生素 E　　D. 维生素 B_2

10. 对于血尿的解释，下列描述错误的是（　　）。
    A. 泌尿系统疾病是造成血尿的主要原因

B. 白血病、肿瘤等全身性疾病也可以引起血尿

C. 轻者外观呈洗肉水样，重者在显微镜下可看到大量红细胞

D. 血尿的病因很复杂，出现血尿应立即就医

11. 下列疾病中，可能会出现尿血症状的是（　　）。

    A. 结肠炎　　　B. 胃炎　　　C. 肾炎　　　D. 肠炎

12. 幼儿园应制定合理的幼儿一日生活作息制度。两餐间隔时间不得少于3.5 h。幼儿户外活动的时间在正常情况下，每天不得少于（　　）h，寄宿制幼儿园不得少于3 h，高寒、高温地区可酌情增减。

    A. 1　　　B. 1.5　　　C. 2　　　D. 5

13. 可导致婴幼儿突然高烧的疾病是（　　）。

    A. 哮喘　　　B. 感冒　　　C. 佝偻病　　　D. 便秘

14. 正常婴幼儿腋下温度是（　　）℃。

    A. 36～37.4　　　B. 35～36.9　　　C. 36～37.2　　　D. 36～37

15. 预防接种证制度指出：（　　）应当及时向医疗保健机构申请办理预防接种证。

    A. 社会　　　　　　　　B. 适龄儿童的家长或监护人

    C. 医生　　　　　　　　D. 儿童

16. 对于鼻腔异物处理，以下选项错误的是（　　）。

    A. 擤　　　B. 不能夹取　　　C. 用镊子夹取　　　D. 不能捅

17. 幼儿不能玩的东西有（　　）。

    A. 球　　　B. 橡皮泥　　　C. 纸飞机　　　D. 小刀

18. 为了让幼儿按时睡眠，应该在幼儿睡前（　　）。

    A. 播放动画片

    B. 在活动形式、环境、说话语气等方面使幼儿感受到睡眠的气氛

    C. 进行娱乐活动

    D. 吓唬幼儿，使他入睡

19. 幼儿在睡眠中出现（　　）现象，需引起保育员的重视。

    A. 玩枕头　　　B. 自言自语　　　C. 东张西望　　　D. 遗尿

20. 为防止异物入体，保育员应该（　　）。

　　A. 允许幼儿将小物件带到床上　　B. 幼儿上床后检查其床铺

　　C. 允许幼儿交换小玩具　　　　　D. 提前检查幼儿床铺和衣兜

21. 如幼儿在睡眠中出现惊醒，两眼瞪直，惊慌失措或哭喊出声，表情恐惧、害怕、惊慌、焦虑的情况，此时难以唤醒，状态持续数分钟，然后平静入睡，可能患有（　　）。

　　A. 夜惊　　　　B. 梦游　　　　C. 梦魇　　　　D. 癫痫

22. 对幼儿便秘的处理，下列做法错误的是（　　）。

　　A. 借助泻药进行缓解　　　　B. 培养定时排便的习惯

　　C. 进行适当的运动　　　　　D. 饮食注意多样化

23. 幼儿腹痛，大便呈脓血样，便后有下坠感并伴有发热。根据这一描述推断幼儿可能患了（　　）。

　　A. 中毒型细菌性痢疾　　　　B. 普通型细菌性痢疾

　　C. 急性肠炎　　　　　　　　D. 疟疾

24. 治疗中毒型细菌性痢疾采取的主要措施是（　　）。

　　A. 抗感染　　　　　　　　　B. 维持机体的水、电解质平衡

　　C. 纠正酸中毒　　　　　　　D. 以上都包括

25. 如果幼儿的大便呈（　　）但没有臭味，有可能是感染了病毒。

　　A. 蛋花样　　　B. 糊状　　　C. 稀水状　　　D. 带血丝

26. 幼儿鼻出血大多发生在（　　）。

　　A. 鼻中隔后下方　　　　　　B. 鼻窦处

　　C. 鼻中隔前下方　　　　　　D. 鼻前庭处

27. 预防鼻出血的有效措施是（　　）。

　　A. 多吃蔬菜水果　　　　　　B. 多喝水

　　C. 不将异物塞入鼻腔　　　　D. 以上都包括

28. 幼儿在睡眠中咳嗽时可以采取（　　）睡姿，有助于呼吸道分泌物的排出。

　　A. 仰卧　　　　B. 俯卧　　　　C. 侧卧　　　　D. 任意姿势

29. 除了睡姿不良、疾病影响等因素外，（　　）也是导致幼儿打鼾的一个重要因素。

　　A. 肥胖　　　　B. 缺钙　　　　C. 疲劳　　　　D. 兴奋

30. 人体（　　）的骨化时间是 10~13 岁。

　　A. 腕骨　　　　B. 脊椎骨　　　C. 颅骨　　　　D. 骨盆

31. 肘部脱臼容易发生在（　　）的时候。

　　A. 做操　　　　　　　　　　　B. 跳绳

　　C. 被过度牵拉手臂　　　　　　D. 收拾玩具

32. 下列说法正确的是（　　）。

　　A. 让幼儿少说话，以便保护嗓子　　B. 幼儿唱歌和说话的时间不应过长

　　C. 幼儿园的孩子应该在户外歌唱　　D. 幼儿园的孩子可以唱少儿歌曲

33. 婴幼儿溢奶的原因是（　　）。

　　A. 吃奶时吞入空气

　　B. 胃呈水平位，上口紧

　　C. 胃呈水平位，上口松，吃奶时吞入空气

　　D. 胃的容积小

34. （　　）后幼儿的视力逐渐正常。

　　A. 1 岁　　　　B. 3 岁　　　　C. 5 岁　　　　D. 10 岁

35. （　　）儿童不能自主控制排尿被视为遗尿症。

　　A. 2 岁前　　　B. 3 岁　　　　C. 5 岁以上　　D. 7 岁

36. （　　）的幼儿较少患习惯性阴部摩擦的情况。

　　A. 过早上床睡觉　　　　　　　B. 同伴关系好

　　C. 同伴关系不好　　　　　　　D. 不被同伴接纳

37. 母乳喂养的婴幼儿不易生病是因为母乳中含有（　　）。

　　A. 抗生素　　　B. 抗体　　　　C. 乳糖　　　　D. 不饱和脂肪酸

38. 与幼儿对更多的事物产生无意注意没有明显关系的是（　　）。

　　A. 生活经验的丰富　　　　　　B. 需要的发展

　　C. 兴趣的发展　　　　　　　　D. 气质的类型

39. 视触协调的主要表现是（　　）。

　　A. 知觉到手的位置　　　　　　B. 认知能力的重要发展

　　C. 知觉到物体的位置　　　　　D. 眼手探索活动的协调

40. 幼儿看着天上的白云，随即把它想象成一小鸟，一会儿又想象成一架飞机。这一心理过程是（　　）。

　　A. 有意想象　　　　　　　　　B. 无意想象

　　C. 具体形象思维　　　　　　　D. 想象表象

41. 一般来说，（　　）儿童的思维以具体形象思维为主。

　　A. 3～4岁　　B. 1～3岁　　C. 3～7岁　　D. 7～12岁

42. 个体从一个自然人发展成为一个社会人的过程，即（　　）的过程。

　　A. 成长　　　B. 自然发育　　C. 社会化　　D. 互动性

43. （　　）创办的"幼儿学校"被认为是世界上第一所幼儿社会教育机构。

　　A. 福禄贝尔　　B. 蒙台梭利　　C. 陈鹤琴　　D. 欧文

44. 遗传素质是个体发展的物质基础，为个体的发展提供了（　　）。

　　A. 可能性　　B. 必要性　　C. 差异性　　D. 共同性

45. 水的生理功能是（　　）。

　　A. 润滑　　　　　　　　　　　B. 供热

　　C. 构成骨骼牙齿　　　　　　　D. 免疫

46. 全日观察中若幼儿体温达（　　）℃，说明体温不正常。

　　A. 37　　　B. 36.8　　C. 37.2　　D. 37.5

47. 幼儿大便异常的表现是（　　）。

　　A. 柏油样大便　　　　　　　　B. 顺畅排出的成形硬便

　　C. 顺畅排出的成形软便　　　　D. 不成形软便

48. 幼儿不正常的小便表现是（　　）。

　　A. 清澈透明　　　　　　　　　B. 尿量明显减少

　　C. 排尿次数稳定　　　　　　　D. 尿液呈淡黄色或深黄色

49. （　　）是正常睡眠的标准。

　　A. 睡眠的安稳程度　　　　　　B. 睡眠的时间长短

C. 睡眠中出汗　　　　　　　　D. 睡眠中是否上厕所

50. 预防接种时保育员应该站在接种幼儿的身边，不应该（　　）。

　　A. 确认幼儿的姓名　　　　　B. 帮助幼儿脱上衣、挽袖子

　　C. 亲切安慰幼儿　　　　　　D. 批评幼儿

51. 为患缺铁性贫血的体弱儿准备的膳食除富含铁和蛋白质外，还应含丰富的（　　）。

　　A. 维生素 B_1　　B. 维生素 D　　C. 维生素 A　　D. 维生素 C

52. 组织幼儿盥洗最好采取（　　）的方式。

　　A. 全班挤在一起洗　　　　　B. 分小组洗

　　C. 全班排队洗　　　　　　　D. 自愿洗

53. （　　）是导致幼儿出现夜惊或梦游行为的一个重要原因。

　　A. 药物因素　　B. 环境因素　　C. 饮食因素　　D. 精神因素

54. 吮吸手指作为生理性吮吸反射，正常存在的年龄阶段是（　　）左右。

　　A. 1 岁　　　　B. 2 岁　　　　C. 3 岁　　　　D. 4 岁

55. 幼儿吮吸手指的危害是（　　）。

　　A. 影响牙齿的正常生长　　　B. 使手指脱皮、肿胀

　　C. 将手上的细菌或病毒吃到嘴里　　D. 以上都包括

56. 保育员应定期对睡眠观察记录进行统计与反馈，内容包括（　　）。

　　A. 睡眠中的身体异常表现　　B. 睡眠中的行为异常表现

　　C. 睡眠时间　　　　　　　　D. 以上都包括

57. 下列不属于外出血的是（　　）。

　　A. 手指割破　　B. 脾脏破裂　　C. 膝盖摔破　　D. 流鼻血

58. 当发现幼儿触电进行急救时，下列工具中不能使用的是（　　）。

　　A. 竹竿　　　　B. 干木棍　　　C. 铁棍　　　　D. 塑料棒

59. 静脉出血时，应在出血部位的（　　）指压止血或用消毒纱布包扎止血。

　　A. 下端　　　　B. 上端　　　　C. 中端　　　　D. 任意端

60. 如果出血部位的血液呈暗红色且徐徐均匀地流出，由此推断可能是

（　　）。

　　A. 毛细血管出血　　　　　　　B. 动脉出血

　　C. 静脉出血　　　　　　　　　D. 无法推断

61. 托幼机构的电器开关应安装在室内离地（　　）以上。

　　A. 90 cm　　　B. 100 cm　　　C. 180 cm　　　D. 120 cm

62. 一般病程在（　　）个月以上的腹泻为慢性腹泻。

　　A. 1　　　　　B. 1.5　　　　C. 2　　　　　D. 2.5

63. 下列食物中不建议在腹泻期间食用的是（　　）。

　　A. 地瓜　　　　B. 面条　　　　C. 肉沫　　　　D. 稀粥

64. 腹泻时可口服补盐液预防脱水，补充原则是（　　）。

　　A. 多量少次　　　　　　　　　B. 少量多次

　　C. 多量多次　　　　　　　　　D. 少量少次

65. 以下关于肥胖儿的健康指导，错误的是（　　）。

　　A. 饭前先喝汤

　　B. 允许剩饭，可以剩主食

　　C. 尽量少选择煎、炸、炒、烤的食物

　　D. 饭后立马坐下，防止胃下垂

二、多项选择题（选择至少2个正确的答案，将相应的字母填入题内的括号中）

1. 幼儿发生（　　）时会出现病理性的哭喊。

　　A. 饥饿　　　　　　　　　　　B. 肠套叠

　　C. 颅内感染　　　　　　　　　D. 天气过热

　　E. 便秘

2. 应纠正患缺铁性贫血的体弱儿（　　）的不良习惯。

　　A. 广泛摄食　　　　　　　　　B. 按时进餐

　　C. 爱喝甜饮料　　　　　　　　D. 只吃糕点

　　E. 不吃动物性食物

3. （　　）是幼儿应该养成的良好盥洗习惯。

　　A. 饭前、便后洗手

　　B. 外出游戏归来洗手

　　C. 外出游戏归来只要手不脏，就可以不洗手

　　D. 便前洗手

　　E. 手脏了就洗

4. 幼儿便秘会导致（　　）。

　　A. 大便干燥坚硬　　　　　　B. 肛裂

　　C. 排便困难　　　　　　　　D. 粪便有脓血

　　E. 大便次数增多

5. 鼻腔异物的正确处理方法是（　　）。

　　A. 轻轻擤　　　　　　　　　B. 不可用镊子夹取圆形异物

　　C. 吸入　　　　　　　　　　D. 用镊子捅异物

　　E. 用力擤

6. 幼儿午睡咳嗽，保育员应该（　　）。

　　A. 让其坐起　　　　　　　　B. 让其站立

　　C. 将其头背部垫起　　　　　D. 让其仰卧

　　E. 轻拍后背

7. 幼儿期仍存在吸吮手指行为，原因主要有（　　）。

　　A. 生理因素　　　　　　　　B. 无所事事

　　C. 教育方法不当　　　　　　D. 性格孤僻

　　E. 焦虑

8. 导致幼儿尿频的因素有（　　）。

　　A. 饮食因素　　　　　　　　B. 季节因素

　　C. 心理因素　　　　　　　　D. 生理因素

　　E. 疾病因素

9. 幼儿便秘的处理方法有（　　）。

　　A. 饮食多样化　　　　　　　B. 定时排便

C. 避免长期服用引起便秘的药物　　D. 加大运动量

E. 保育员正确对待幼儿的排便

10. 对于普通型细菌性痢疾，以下描述正确的是（　　）。

　　A. 多由食用不洁食物引起

　　B. 患儿出现发热、腹痛、腹泻等症状

　　C. 患儿出现高热、抽搐、畏寒、呼吸不畅等症状

　　D. 腹泻频繁，里急后重感明显

　　E. 排泄物呈黏液或脓血样，便后有下坠感

11. 幼儿出现尿频的原因可能是（　　）。

　　A. 吃了过咸的食物，喝大量的水　　B. 膀胱小

　　C. 精神紧张　　D. 尿路感染

　　E. 膀胱逼尿肌发育不良

12. 尿液中的色素主要来自于（　　）。

　　A. 尿红质　　B. 尿白质

　　C. 尿黄素　　D. 尿胆素

　　E. 血红素

13. 引起幼儿尿黄的因素有（　　）。

　　A. 饮水因素　　B. 饮食因素

　　C. 疾病因素　　D. 药物因素

　　E. 生理因素

14. 对幼儿鼻出血的处理，下列做法错误的是（　　）。

　　A. 用拇指和食指压住鼻翼两侧，压向鼻中隔部位

　　B. 用干净的纸巾或湿巾将流出的鼻血擦拭干净

　　C. 用湿毛巾冷敷额头 3~5 min

　　D. 安抚幼儿

　　E. 如果出血不止可服用止血药

15. 引起幼儿咳嗽的原因是（　　）。

　　A. 过敏　　B. 感冒

C. 冷空气 D. 饮食

E. 体弱

16. 幼儿在睡眠中出现咳嗽症状,以下做法正确的是( )。

A. 将幼儿的头部放低

B. 将幼儿的头部抬高

C. 让幼儿坐起,按照自下而上的顺序轻敲背部

D. 让幼儿坐起,按照自上而下的顺序轻敲背部

E. 帮助幼儿调换睡姿,保持侧卧位

17. 预防幼儿咳嗽的有效措施是( )。

A. 寒冷季节停止户外活动 B. 保证充足的水分

C. 保证充足的睡眠 D. 加强体育锻炼

E. 保证合理饮食

18. 幼儿睡眠中打鼾的原因是( )。

A. 呼吸道不畅 B. 遗传

C. 肥胖 D. 睡姿不良

E. 疾病影响

19. 幼儿习惯性阴部摩擦的原因可能是( )。

A. 生殖器瘙痒,不自觉地抓挠 B. 穿的裤子过紧

C. 无所事事 D. 把生殖器当玩具玩

E. 精神紧张、孤独

20. 幼儿夜惊发作的症状是( )。

A. 精神恍惚,动作笨拙 B. 做一些简单或机械的动作

C. 多在下半夜发作 D. 面部表情紧张,呼吸急促

E. 醒后遗忘或只有片刻记忆

21. 实施胸外按压术的正确操作是( )。

A. 让患儿仰卧在地面上

B. 让患儿仰卧在海绵垫子上

C. 施救者右手手掌压在胸骨中线下 1/3 略偏右处

D. 施救者右手手掌压在胸骨中线下 1/3 略偏左处

E. 施救者左手压在右手手背上，双手交叉重叠，用力且有节奏地按压

22. 对于人工呼吸，下列描述正确的是（　　）。

    A. 用口对口吹气法实施人工呼吸时应让患儿的头部后仰，颈部下压

    B. 患儿牙关紧闭时可采用口对鼻吹气的方法

    C. 人工呼吸常用的方法有口对口吹气法和仰卧牵臂法

    D. 实施人工呼吸前应先将患儿口鼻中的污泥、痰涕清理干净

    E. 用仰卧牵臂法实施人工呼吸时应在患儿背部垫硬物，使胸部上凸，头后仰

23. 腹泻的常见并发症有（　　）。

    A. 发育迟缓　　　　　　　　B. 脱水

    C. 营养不良　　　　　　　　D. 微量营养素缺乏症

    E. 佝偻病

24. 如果患儿出现休克症状，应采取的应急处理措施是（　　）。

    A. 迅速将患儿放平　　　　　B. 松开衣领、腰带，头部略放低

    C. 按掐人中穴、合谷穴　　　D. 注意保暖

    E. 拨打急救电话，速送医院

25. 幼儿腹泻时，如果大便呈（　　），就应立即住院治疗。

    A. 黄色水样　　　　　　　　B. 鲜血便

    C. 蛋花样　　　　　　　　　D. 赤豆汤样

    E. 果酱色

三、判断题（将判断结果填入括号中，正确的填"√"，错误的填"×"）

1.（　　）六龄齿是第一恒磨牙。

2.（　　）培养幼儿养成定时排便习惯，利用的原理是胃结肠反射。

3.（　　）幼儿的手指甲应该剪成平的，脚指甲应该剪成圆形的。

4.（　　）保育员应具备学前心理学、学前教育学等知识。

5.（　　）幼儿的粪便过干、排便困难属正常情况。

6.（ ）幼儿不应从楼房的窗户向下探看。

7.（ ）进餐时吧唧嘴属于个人习惯，不能算不文明行为。

8.（ ）幼儿的口味与成人相同。

9.（ ）应培养幼儿经常刷牙洗脸的习惯。

10.（ ）保育员应该训练大班幼儿学会穿脱裤子。

11.（ ）幼儿排便时，应该允许幼儿玩玩具。

12.（ ）幼儿摔伤后导致脊柱剧烈疼痛，成人应立即抱起送往医院急救。

13.（ ）在第一时间采取急救措施时，应注意用轻柔的动作和温和的语言来缓解患儿的紧张心理和恐惧感。

14.（ ）不管哪种伤害造成的呼吸微弱或呼吸停止，都应该立即施行人工呼吸。

15.（ ）保育员发现亮亮连续3周腹泻，考虑是急性腹泻。

16.（ ）两岁幼儿出现大便次数增多，哭时眼泪少，皮肤弹性差，考虑可能是腹泻导致的脱水。

17.（ ）腹泻的幼儿如果出现严重呕吐的现象，应暂时禁食禁水。

18.（ ）长期腹泻会导致幼儿营养不良，生长发育障碍，重度腹泻甚至危及生命。

19.（ ）幼儿腹泻时补足液体很重要，应喝大量的白开水。

20.（ ）腹泻的幼儿经肠道丢失的电解质较多，可能会引起低钙惊厥。

参 考 答 案

一、单项选择题

1. D 2. D 3. B 4. B 5. C 6. D 7. C 8. B 9. D 10. C
11. C 12. C 13. B 14. A 15. C 16. C 17. D 18. B 19. D 20. D
21. A 22. A 23. B 24. D 25. A 26. C 27. D 28. C 29. A 30. A
31. C 32. B 33. C 34. C 35. C 36. B 37. B 38. D 39. D 40. B

41. C 42. C 43. A 44. A 45. A 46. D 47. A 48. B 49. A 50. D
51. D 52. B 53. D 54. A 55. D 56. D 57. B 58. C 59. B 60. C
61. C 62. C 63. A 64. B 65. D

二、多项选择题

1. BC   2. CDE   3. ABE   4. ABC   5. BE
6. ACE   7. ABCDE   8. ABCDE   9. ABCDE   10. ABE
11. ACDE   12. ACD   13. ABCD   14. CE   15. ABCD
16. BCE   17. BCDE   18. ABCDE 19. ABCDE 20. DE
21. ADE   22. BCD   23. BCD   24. ABCDE 25. BDE

三、判断题

1. √   2. √   3. ×   4. √   5. ×   6. √   7. ×   8. ×   9. ×   10. ×
11. × 12. × 13. √ 14. √ 15. × 16. √ 17. × 18. √ 19. × 20. √

第四章　配合教育活动

考 核 要 点

配合教育活动考核范围	考核要点	重要程度
心理环境创设	1. 心理环境创设的内容	熟悉
	2. 心理环境创设的方法	掌握
组织幼儿活动	1. 幼儿教育活动内容及目标（3~6岁）	掌握
	2. 幼儿教育活动内容的选择要求	熟悉
	3. 幼儿教育活动的原则	掌握
	4. 幼儿教育活动的主要形式	掌握
	5. 幼儿教育活动的教学方法	掌握
	6. 婴幼儿心理发展特点在教育教学中的应用	熟悉
	7. 自制玩具、教具的造型方法	掌握
	8. 幼儿体质测定的意义	掌握
	9. 幼儿体育活动各年龄段目标	掌握
组织讲故事教学	1. 故事的选材要求	了解
	2. 组织讲故事教学的方法	掌握
组织诗歌朗诵教学	1. 朗诵诗歌的技巧	熟悉
	2. 朗诵诗歌的要求	掌握
	3. 组织诗歌朗诵教学要求	掌握
科学育儿的家庭保育指导	1. 幼儿合理膳食知识	了解
	2. 幼儿身体锻炼的相关知识	掌握
	3. 幼儿秋冬季保健的知识	了解
	4. 特殊儿童家庭保育的沟通与指导	熟悉
家庭教育指导	基本的家庭教育原则	熟悉

重点复习提示

一、心理环境创设

1. 心理环境创设的内容
（1）尊重与满足的安全气氛。
（2）宽容理解的轻松氛围。
（3）平等自由的人际关系。

2. 心理环境创设的方法
（1）建立良好的师生关系
1）热爱、关心幼儿，营造温馨和谐的班级气氛。
2）尊重幼儿，满足他们的合理需要。
3）宽容、理解每一位幼儿。
4）欣赏、赞美每一位幼儿。
5）积极主动地与幼儿交往。
（2）帮助幼儿建立良好的同伴关系。

二、组织幼儿活动

1. 幼儿教育活动内容及目标（3~6岁）
（1）健康领域：增强幼儿体质，培养健康生活的态度和行为习惯，包括身心状况、动作发展、生活习惯与生活能力三方面的教育活动内容。

1）身心状况。具有健康的体态；情绪安定愉快；具有一定的适应能力。

2）动作发展。具有一定的平衡能力，动作协调、灵敏；具有一定的力量和耐力；手的动作灵活协调。

3）生活习惯与生活能力。具有良好的生活与卫生习惯；具有基本的生活自理能力；具备基本的安全知识和自我保护能力。

（2）科学领域：激发幼儿的好奇心和探究欲望，发展认知能力，包括科学探究、数学认知两方面的教育活动内容。

1）科学探究：亲近自然，喜欢探究；具有初步的探究能力；在探究中认识周围事物和现象。

2）数学认知：初步感知生活中数学的有用和有趣；感知和理解数、量及数量关系；感知形状与空间关系。

（3）社会领域：增强幼儿的自尊、自信，培养幼儿关心、友好的态度和行为，促进幼儿个性健康发展，包括人际关系、社会适应两方面的教育活动内容。

1）人际关系：愿意与人交往；能与同伴友好相处；具有自尊、自信、自主的表现；关心尊重他人。

2）社会适应：喜欢并适应群体生活，遵守基本的行为规范，具有初步的归属感。

（4）语言领域：提高幼儿语言交往的积极性、发展语言能力，包括倾听与表达、阅读与书写准备两方面的教育活动内容。

1）倾听与表达：认真听并能听懂常用语言；愿意讲话并能清楚地表达。

2）阅读与书写准备：喜欢听故事、看图书；具有初步的阅读理解能力；具有书面表达的愿望和初步技能。

（5）艺术领域：丰富幼儿的情感，培养初步的感受美、表现美的情趣和能力，包括感受与欣赏、表达与创造两方面的教育活动内容。

1）感受与欣赏：感受自然界与生活中美的事物；喜欢欣赏多种多样的艺术形式和作品。

2）表达与创造：喜欢进行艺术活动并大胆表现；具有初步的艺术表现和创造能力。

2. 幼儿教育活动内容的选择要求

幼儿教育活动内容的选择要求包括教育性、经验性、趣味性、发展性。

3. 幼儿教育活动的原则

"保教结合"是我国幼儿园教育大纲中的明确规定，也是学前教育一贯坚持的原则。保教结合是一个整体概念，"保"和"教"是教育整体的不同方面，同时对幼儿产生影响。

教育原则包括：思想性原则、科学性原则、发展性原则、直观性原则、启发性原则、趣味性原则、实践性原则。

4. 幼儿教育活动的主要形式

幼儿教育活动的主要形式包括个别活动、小组合作活动和集体活动。

5. 幼儿教育活动的教学方法

幼儿教育活动的教学方法包括观察法、讲解法、演示法、行为练习法。

运用观察法时，保教人员应注意以下三点：一是要根据教育任务的实际需要进行选择；二是观察前要做好充分的物质准备和心理准备；三是教具的运用要适当，避免分散幼儿的注意力。

运用讲解法时，保育员要注意以下三点：第一，讲解语言要注意口语化；第二，讲解方式要直观形象；第三，讲解方式要尽量多样化。

运用演示法应当注意以下几个问题：一是演示的时机要恰当，不能提前或延迟；二是演示教具的大小和颜色要合理，大小要让每个孩子都能够看清楚，色彩要鲜艳，画面要清楚，且形象突出、典型；三是示范教具要丰富多样，有一定数量，能够从不同角度反映所学内容；四是如果是动作的示范演示，保教人员要选好位置，面向全体幼儿，还要注意放慢示范速度，声音要洪亮。

保教人员在运用行为练习法时，应注意以下几点：一是要使幼儿明确练习的目的和要求，并掌握相应的知识；二是要注意练习的难度和强度，使每个孩子都能接受；三是注意练习方式的多样性，充分尊重和发挥幼儿的主动性和积极性；四是练习行为要循序渐进，并反复进行，做到持之以恒。

6. 婴幼儿心理发展特点在教育教学中的应用

（1）婴幼儿感知觉发展规律在教育教学中的应用。婴幼儿的感知觉发展存在一定的规律，利用感知觉规律组织教学，能够在很大程度上提高教学效果。在视觉上，应当利用感知觉对比规律，突出观察对象；在听觉上，要利用感知觉规律，突出重点内容。

（2）婴幼儿注意力的发展规律在教育教学中的应用。婴幼儿的注意力不稳定，易转移。在教育教学活动中，要吸引幼儿的注意力，保持学习的兴趣不受到外界无关刺激的干扰，保证教育教学活动的有效性，保教人员应当做到：选择能够吸引幼儿注意力的教具；排除教学环境中的无关刺激因素；注意幼儿注意力的培养等。

（3）婴幼儿记忆的发展特点在教育教学中的应用。婴幼儿的记忆发展水平还处在低级阶段，主要表现在以形象记忆、机械记忆为主，逻辑记忆、意义记忆正在发展中，而且易受环境和情绪的影响，自我控制能力差，记忆活动很容易受外界事物或自身情绪变化的干扰，缺乏稳定性、目的性。同时，记忆的遗忘规律同样适合婴幼儿阶段。

作为保教人员，应当结合这些记忆发展特点，帮助幼儿改善记忆效果，提高学习效率。例如，帮助幼儿把抽象记忆转化为形象记忆，把机械记忆变为意义记忆，运用多种感觉器官进行动作记忆，及时复习减少遗忘。

（4）婴幼儿思维的发展特点在教育教学中的应用。婴幼儿的思维处于低级阶段，整个婴幼儿期，都是以直觉行动思维和具体形象思维为主要思维特点，幼儿末期才开始出现抽象逻辑思维的萌芽。所以，保教人员在平时教育教学活动中应当注意以下几点：

1）在幼儿园的小班、中班，教育教学应当以游戏、活动为主，讲授内容一定要辅助以实物、模型、手偶、挂图、幻灯或多媒体等形象化手段，以适应这个年龄段幼儿的思维特点。

2）在幼儿园大班，教育教学在坚持形象化的同时，还应适当发展幼儿的抽象逻辑思维，对于一些简单的数学问题、通俗易懂的故事，教师可以适当尝试使用抽象的语言教学。

（5）婴幼儿想象力的发展特点在教育教学中的应用。婴幼儿想象的内容从总体上看还是很贫乏的，可以借助的想象表象种类很少，想象内容零碎、不完整，彼此之间也缺乏联系。5岁后幼儿想象的内容逐渐丰富、完整和系统起来。保教人员应当在平时教育教学中培养幼儿的想象力，保护幼儿的创造力。例如，丰富幼儿的生活经验，为想象提供基础材料；鼓励幼儿大胆想象，保护其创造力；充分利用文学、艺术形式，激发幼儿的想象力；开展想象游戏，在游戏活动中发展幼儿的想象力。

7. 自制玩具、教具的造型方法

（1）利用原形。自制玩具、教具往往是利用废旧材料制作的，各种废旧材料外形特点不同，有些材料的外形可以直接加以利用。

（2）局部变形。通过剪切、变形或利用其中一部分等方式来进行制作，也就是将材料进行局部的变形，想办法利用其有价值的那些因素。

（3）分解组合。有些材料可能难以直接利用其原有外形，但却可以通过衔接、装订、编织等方法组合成新的形象，或者将其分解后再进行组合，制作出新的形象。

（4）拼接整合。有些玩具、教具，特别是一些立体的玩具、教具是不能通过简单变形就能做成的，需要先设计出平面图，然后按照平面图将平面材料裁剪好，最后再通过拼接、焊接、粘合、缝合等多种方式制成。

8. 幼儿体质测定的意义

幼儿体质测定是针对幼儿形态、生理机能和基本体育活动能力而设计的，按照可靠的、有效的评价理论、标准和方法，评价幼儿体质强弱、优劣的过程，以此来判断幼儿的身体发育状况。

通过体质测定，可以了解幼儿目前的体能状况，为个性化运动处方提供依据，针对较弱的体能进行强化，评估运动前后的效果与进步情形。

9. 幼儿体育活动各年龄段目标

（1）小班幼儿

1）能上体正直、自然地走和跑；能向指定方向走和跑；能在指定范围内四散跑、追逐跑；能步行 1 km，连续跑约半分钟；能一个跟着一个地走，走成一个圆；能较轻松地双脚交替跳着走。

2）能较轻松自然地双脚同时向前跳、向上跳；能从 25 cm 高处自然地跳下。

3）能双手用力将球向前、向上、向后方抛；能单手自然地将沙包等轻物投向前方。

4）能在平行线（或窄道）中间走，能在宽 25 cm、高（或斜高）20 cm 的平衡木（或斜坡）上走。

5）能在 65~70 cm 高的障碍物（如绳子、皮筋、拱形门等）下钻来钻去；

能手膝着地自然协调地向前爬；能倒退爬；能钻爬过低矮的障碍物；能在攀登架上爬上爬下，或从网的一侧爬越至另一侧（必要时教师可以帮助）。

6）初步学会听各种口令和信号并做出相应动作；能边念儿歌或边听音乐边做模仿操或简单的徒手操。

7）会玩滑梯、攀登架、转椅等大型体育活动器械并注意安全；会骑小三轮自行车；会推拉独轮车；会滚球、传球、抛接球和原地拍皮球；会利用球、绳、棒、圈等小型多样的体育器材进行身体锻炼。

8）喜欢并愿意参加体育活动；初步掌握体育活动的有关知识和规则，团结合作，爱护公物；能合作收拾某些小型体育器材。

（2）中班幼儿

1）能听信号按节奏上下肢协调地走和跑；能听信号变速走、变速跑；能听信号变化方向走；能前脚掌着地走、倒退走；能跨过低障碍物走；能绕过障碍物跑；能快跑 20 m，走跑交替（或慢跑）200 m 左右；能在一定范围内四散追逐；能步行 1.5 km，连续跑约 1 min；能听信号切断分队走、一路纵队走。

2）能自然摆臂连续纵跳触物（物体离幼儿举手指尖 20 cm 左右）；能双脚熟练地向前跳或双脚在直线两侧行进跳；能立定跳远，跳距不少于 30 cm；能双脚站立由 30 cm 高处往下跳，落地轻；能助跑跨跳平行线，跳距不少于 40 cm；能单、双脚轮换跳，单足连续向前跳。

3）能肩上挥臂投掷轻物；能自抛自接低（高）球；能两人近距离互抛互接大球；能滚球击物；能左右手拍球。

4）能在宽 20 cm、高 30 cm 的平衡木（或斜坡）上走；能原地自转至少 3 圈不跌倒；能闭目向前走至少 10 m。

5）能熟练协调地在 60 cm 高的障碍物（如圈、拱形门等）下较灵活地侧钻；能手脚着地协调地向前爬；能手脚熟练协调地在攀登架、攀登网或肋木上爬上爬下；能团身滚。

6）能较熟练地听信号集合、分散、排成 4 路纵队（包括切断分队）；能随音乐节奏较准确地做徒手操和轻器械操。

7）会玩跷跷板、秋千等各类大型体育活动器械；会骑小三轮车、带辅轮的小自行车；会用球、绳、棒、圈及其他废旧材料（如易拉罐、可乐瓶、报纸等）开展小型多样的体育活动。

8）具有一定的抵御寒、暑、饥、渴的能力和抵抗疾病的能力。

9）喜欢并能较积极地参加体育活动，初步养成参加体育活动的习惯；能较自觉地遵守体育活动的规则；互助合作、爱护公物，能及时收拾小型体育器材。

（3）大班幼儿

1）能轻松自如地绕过障碍进行曲线走和跑；能快跑30 m或接力跑；能走跑交替（或慢跑）300 m左右；能步行2 km，连续跑约1分半钟；能听信号左右分队走。

2）能原地蹬地跳起连续纵跳触物（物体离幼儿举手指尖25 cm左右）；能双脚熟练地改变方向（前、后、左、右、转身）跳；能从35~40 cm高处自然地跳下，落地轻稳；能立定跳远，跳距不少于40 cm；能助跑跨跳平行线，跳距不少于50 cm；能助跑跳远，跳距不少于40 cm；能助跑屈膝跑过高度约40 cm的垂直障碍，能连续向前跳跃多个高40 cm、宽15 cm的障碍。

3）能半侧面单手投掷小沙包等轻物约4 m远；会肩上挥臂投掷轻物并投准目标（如直径不少于60 cm的标靶），投掷距离约3 m；能抛接高球，或两人相距2~4 m互抛互接大球。

4）能在宽15 cm、高40 cm的平衡木上交换手臂动作（叉腰、平举、上举等）或持物走；能两臂侧平举闭目起踵自转至少5圈，不跌倒；能两臂侧平举单足站立不少于5 s。

5）能熟练协调地侧身、缩身钻过50 cm高的障碍物（如拱形门等）；能手脚交替协调熟练地在攀登架或肋木上爬上爬下，能在单杠或其他器械上做短暂的悬垂动作；能熟练地在垫子上前滚翻、侧滚翻。

6）能熟练地听各种口令和信号并做出相应的动作；能听信号迅速地集合、分散、整齐列队、变化队形；能随音乐节奏有精神地做徒手操和轻器械操，动作有力、到位。

7）会玩低单杠、秋千、脚蹬车等大型体育活动器械，会踩高跷、跳皮筋、跳绳50次以上；会运球、传接球、用脚踢（带）球；会用球、绳、棒、圈、积木、报纸、轮胎或其他废旧材料开展各种身体锻炼活动。

8）具有较强的抵御寒、暑、饥、渴的能力和抵抗疾病的能力。

9）热爱体育活动，有积极参加各种身体锻炼的习惯；能自觉遵守体育活动的规则和要求，合作、负责、宽容、谦让、爱护公物；有较强的集体观念；敢于克服困难，能体验克服困难取得胜利后的愉悦；能独立或合作收拾各种小型体育器材。

三、组织讲故事教学

1. 故事的选材要求

内容的选择要适合幼儿的年龄特征。从幼儿的具体形象思维特点出发，选择拟人和夸张的作品，以及动作多、对话多、故事性强、情节发展迅速又有适当反复的作品，不选择叙述冗长、描述过细、低沉灰暗、充满恐怖气氛、枯燥说教的作品。

2. 组织讲故事教学的方法

教学方式要力求形象直观、生动有趣。要多采用多媒体课件、播放碟片或使用投影机、挂图等形象化教学，并用直观生动的形式配合语言讲述故事，以提高幼儿对故事内容的兴趣。还可以适当引导幼儿对故事进行续编或创编，最大限度发挥他们的积极性、创造性。

四、组织诗歌朗诵教学

1. 朗诵诗歌的技巧

（1）掌握诗歌的节奏，知道七字句的分为四个音节，五字句的分为三个音节，同时，还要考虑诗歌中作者的思想感情和人们说话的习惯。

（2）知道诗歌一般在偶数诗行末尾押韵，朗诵时应把韵脚重读或适当延长，以显示诗歌韵律的音乐性。

（3）朗诵诗歌要充满感情、富有表情、声情并茂，并运用适当的动作，以加强诗歌的感染力。

2. 朗诵诗歌的要求

（1）能用普通话进行朗诵，声音洪亮、吐字清晰。

（2）能把握诗歌的节奏，抑扬顿挫，朗诵时能把韵脚重读或适当延长，以显示诗歌韵律的音乐性。

（3）朗诵充满感情、富有感情，并运用适当的动作，声情并茂，以加强诗歌的感染力。

3. 组织诗歌朗诵教学要求

（1）教学过程流畅。

（2）提问富有启发性，能有效地引导幼儿回答问题的积极性。

（3）师生配合默契，幼儿学习积极性比较高。

（4）基本实现教学目标。

五、科学育儿的家庭保育指导

1. 幼儿合理膳食知识

幼儿合理膳食知识包括平衡膳食、合理搭配、合理烹调、合理安排、保证卫生等。

幼儿饮食误区：补钙知识、零食知识、营养搭配知识等。

2. 幼儿身体锻炼的相关知识

选择场地宽敞、空气清新的地方，开展多种形式的家庭体育锻炼。

3. 幼儿秋冬季保健的知识

熟悉冬季经常发生感冒的原因和预防措施，注意饮食营养丰富、衣着合理、居室通风等。

4. 特殊儿童家庭保育的沟通与指导

（1）营养不良患儿的保育

1）追踪病因。

2）加强患儿饮食管理。少量多餐，适当多吃易消化、清淡、高蛋白、高热能的食物，保持平衡膳食，必要时可以喝一些山楂水、神曲麦芽水，或用中药综合调理，以帮助消化、吸收。

3）带领患儿适度进行锻炼（强度不可过大）。

4）培养健康的生活方式，如保持愉悦的心情、平衡膳食、适度锻炼身体、养成良好的行为方式等。

5）定期监测。

（2）贫血患儿的保育

1）追踪病因。

2）饮食治疗。调整饮食，食物内容力求多样化，补充含铁、蛋白质丰富的食物，如猪肝、动物血、瘦肉、木耳等。

3）药物治疗。必要时使用铁剂治疗等。

4）预防措施。培养良好的饮食习惯，膳食平衡、合理、营养；预防感染性疾病及寄生虫病，如钩虫病、蛔虫病等。

5）适度锻炼。视幼儿病情，适度进行户外锻炼，帮助消化和增强抵抗力。

6）定期复查。

（3）肥胖儿的保育

1）追踪病因。

2）行为矫正。家园配合矫治肥胖儿不良饮食习惯与生活习惯。

3）饮食调整

①必须保证儿童生长发育基本需要与营养平衡。

②主要控制脂肪过多摄入，蛋白质必须保证每天每千克体重 1~2 g，主食以碳水化合物为主，但应限制甜食、零食的摄入。

③多选择"绿灯"食品，少吃"黄灯"食品，尽量不吃"红灯"食品。

④进餐时适当限制肥胖儿食量，要求添饭时应给予体积大、热能低的食物，多给蔬菜，少添主食。

⑤控制进食速度，在进餐中不断提醒肥胖儿细嚼慢咽，放慢进食速度。

⑥家园配合，使肥胖儿在家也能按上述饮食原则进餐，做到持之以恒。

4）运动调整

①选择全身肌肉参与的有氧运动，如跑步、跳绳、爬楼梯等。

②每次运动不少于 15 min，每天运动总时间为 45 min，一般需要坚持 2~3

个月才会明显见效。

5）心理调整。家园共育，多肯定和赞赏，培养孩子的阳光心态，鼓励孩子积极参加集体活动，坚持锻炼。

6）定期检测。每月测量体重1次，每3个月测量身高1次。

7）其他。对单纯性肥胖一般不提倡药物治疗，而应针对不良生活习惯积极护理。

（4）视力不良患儿的保育

1）养成良好的用眼习惯。减少看电视、电脑、手机等电子产品的时间，或将时间控制在每次20 min以内。

2）经常带患儿去室外活动，多看绿色植物，让视野更开阔，缓解用眼疲劳。

3）饮食调整。经常给患儿补充含维生素A丰富的食物，如胡萝卜、动物肝脏等。

4）注意观察患儿用眼习惯，发现异常及早矫治。

（5）龋齿患儿的保育

1）教会患儿饭后漱口、早晚刷牙（2岁漱口、3岁刷牙）并养成习惯，选择合适的圆头、软毛儿童牙刷和含氟牙膏。

2）每半年进行一次口腔防龋保健。

3）让患儿多吃含钙丰富的食物。

4）让患儿多了解爱护牙齿的健康知识。

（6）有攻击行为儿童的保育

1）改变不当的家教方式；家长以身作则，经常带孩子去书店、公园、郊外等健康场所；避免让孩子接触暴力影视作品或游戏等。

2）帮助孩子学习如何与他人相处、调整情绪、对待挫折；多带孩子去公共场所，鼓励孩子与同龄人平等交往，帮助孩子找到好朋友；在与小朋友发生争执时，家长不要急于干涉，而是观察孩子是如何处理和化解的。

3）干预侵犯行为。家长要端正态度，正确面对，向孩子说明错在哪里，同时要求孩子勇敢承认和改正错误。

4）必要时带孩子进行相应的心理治疗（示范法、消退法、暂时隔离法）。

5）家园共育，积极做好配合。

（7）语言发育迟缓儿童的保育

1）家长要正确对待孩子说话时不流畅的现象，切忌急躁、批评，以免孩子越紧张越口吃。

2）消除环境中可致孩子精神过度紧张不安的各种因素，告诉他想好后再一字一句慢慢说。

3）用平静、柔和的语气和孩子说话，让孩子与家长面对面，注意眼神和口型的交流。

4）多给予孩子精神鼓励，及时发现孩子的点滴进步，并立即给予表扬，让孩子建立自信心。

5）多让孩子练习朗诵、唱歌等。

（8）神经性厌食儿童的保育

1）家长要培养孩子良好的饮食习惯。

2）家长应创造安静、愉悦的进餐环境。

3）家长应增加孩子的活动量，使其有饥饿感；或者有意识地邀请其他小朋友一起玩耍，帮助孩子建立良好的朋友关系，以利于孩子人际交往及良好性格的培养。

（9）屏气发作儿童的保育

1）尽量消除可引起孩子心理紧张的各种因素；有事要提前告知孩子，让孩子有心理准备；遇到突发事件时，家长首先要保持冷静。

2）对孩子的合理要求积极支持并给予帮助或指导。

3）注意适当补充铁剂，多给孩子吃动物肝脏、动物血等含铁丰富的食物及新鲜的蔬菜、水果等维生素 C 丰富的食物，促进铁的吸收，注意平衡营养膳食。

4）当孩子病情发作时，家长要镇静，待其恢复后设法平复其紧张情绪。

5）必要时服用镇静剂。

（10）夜惊儿童的保育

1）消除引起孩子紧张不安的心理诱因，减少紧张情绪；预知容易引起孩子紧张的事情，提前与孩子进行沟通。

2）改变不良环境，注意培养良好的睡眠习惯。

3）积极预防和治疗孩子的躯体和心理疾病。

（11）自闭儿童的保育

1）教会孩子穿脱衣物，锻炼孩子的动手能力，培养孩子的物品归属意识，可以有效提升孩子的自我认知能力。

2）教会孩子正确使用餐具，引导孩子感受不同的食物，会对孩子的视觉和味觉产生良好的刺激，可以激发孩子的认知意识。

3）让孩子了解家庭区域布局，提高孩子独立生活的能力。

4）多带孩子外出接触大自然，尤其是去游乐场或者动物园等场所，以激发孩子的童心，在认知的同时使孩子对生活产生浓厚的兴趣并拓宽视野，有助于孩子打开封闭的心门接纳外界事物。

5）多参与儿童相关的各类活动，儿童剧场演出、亲子运动会、零距离的乐器演奏等都是积极的尝试。

六、家庭教育指导

基本的家庭教育原则是：坚持教育的一致性，注意环境熏陶，父母要以身作则，注重培养孩子的良好习惯，尊重孩子，与孩子交朋友等。

理论知识辅导练习题

一、单项选择题（选择一个正确的答案，将相应的字母填入题内的括号中）

1. 健康是指人在身体、心理以及（　　）方面的良好状态。

　　A. 环境适应　　　B. 社会适应　　　C. 人际交往　　　D. 解决问题

2. （　　）是语言发展，特别是口语发展的重要时期。

　　A. 乳儿期　　　B. 婴儿期　　　C. 幼儿期　　　D. 少年期

3. 发展性教学原则提出的理论基础是（　　）。

　　A. 维果茨基的"最近发展区"　　　B. 洛克的"白板说"

C. 加德纳的"多元智能"　　　　D. 瑞吉欧的"项目活动"

4. （　　）儿童的说谎为无意说谎。

　　A. 3～4岁　　　B. 6～7岁　　　C. 8～9岁　　　D. 10岁后

5. （　　）是指事先没有预定目的，也不需要意志努力的注意。

　　A. 长时注意　　B. 有意注意　　C. 无意注意　　D. 瞬时注意

6. 下列属于幼儿容易"将想象与现实相混淆"的表现的是（　　）。

　　A. 跟妈妈说暑假想去外地游玩

　　B. 把希望发生的事情当成已经发生的事情来描述

　　C. 跟老师说长大以后想成为一名军人

　　D. 妈妈跟幼儿提起天安门，幼儿头脑中就会浮现出天安门的形象

7. 幼儿口语表达能力的发展趋势是（　　）。

　　A. 先有对话言语和独白言语，后有情景言语和连贯言语

　　B. 先有对话言语和连贯言语，后有情景言语和独白言语

　　C. 先有对话言语和情景言语，后有独白言语和连贯言语

　　D. 先有情景言语和独白言语，后有对话言语和连贯言语

8. 关于幼儿性格的形成和发展，下列说法正确的是（　　）。

　　A. 儿童的性格尚未表现出明显的个体差异

　　B. 幼儿性格差异日益明显

　　C. 学龄晚期开始形成，且习惯已经基本形成

　　D. 学龄晚期性格的改造比较困难

9. （　　）的发展是幼儿道德发展的核心问题。

　　A. 同情心　　　B. 想象力　　　C. 帮助行为　　　D. 亲社会行为

10. 关于幼儿教育意义的描述，下列不正确的是（　　）。

　　A. 促进社会福利的发展　　　　B. 促进社会文化的发展

　　C. 促进幼儿体智德美的发展　　D. 促进幼儿计算能力的发展

11. 《幼儿园教育指导纲要（试行）》把幼儿园教育划分为（　　）。

　　A. 健康、社会、科学、语言、艺术五个领域

　　B. 体育、智育、德育、美育四个部分

C. 生理、心理、社会性等部分

D. 共同生活、共同探索、表现与表达等部分

12. 幼儿园教育工作计划是指（   ）为实现教育的目的，根据幼儿的实际发展水平和需要，对学前儿童进行教育活动的规划和安排。

   A. 保教人员   B. 家长   C. 教育者   D. 社会

13. 幼儿园的教育计划按范围分可分为：全园教育计划、整个年龄班教育计划、本班教育计划、小组教育计划、（   ）等。

   A. 个人教育计划   B. 周教育计划

   C. 学年教育计划   D. 学期教育计划

14. 《幼儿园教育指导纲要（试行）》中提出的健康领域的目标不包括（   ）。

   A. 身体健康，在集体生活中情绪安定、愉快

   B. 生活卫生习惯良好，有基本的生活自理能力

   C. 有良好的社会交际能力

   D. 知道必要的安全保健常识，学习保护自己

15. 应充分发挥社区、（   ）和幼儿园的协同作用，共同搞好健康教育。

   A. 家庭   B. 人文环境   C. 自然环境   D. 学校

16. 培养幼儿对体育活动的（   ）是幼儿园体育教育活动的重要目标，要根据幼儿的特点组织生动有趣、形式多样的体育活动，吸引幼儿主动参与。

   A. 主动参与   B. 兴趣   C. 参与   D. 发展

17. 在（   ）和其他领域的教育活动中应努力渗透语言教育。

   A. 一日生活的各个环节   B. 专门的语言教育活动

   C. 家庭   D. 体育活动

18. 父母（   ）对孩子习得良好的社会性行为有很大作用。

   A. 树立良好的榜样   B. 说教

   C. 职业   D. 经济收入

19. （   ）的概念至少应包括对待科学的态度和价值观、科学探索的过程和方法、科学知识三个基本要素。

   A. 科学   B. 科学技术   C. 科学教育   D. 科学精神

20. 组织幼儿开展"到户外找春天"的活动，建议采取的活动形式是（　　）。

    A. 集体活动　　　B. 小组活动　　　C. 个别活动　　　D. 都可以

21. 下列教学法中，（　　）是传统教学中最常用的一种方法。

    A. 练习法　　　　B. 演示法　　　　C. 讲解法　　　　D. 实验法

22. 在幼儿园的教学活动中，下列属于无关刺激干扰的是（　　）。

    A. 教师语言抑扬顿挫　　　　　B. 直观教具生动形象

    C. 教师有适当的体态语　　　　D. 教师佩戴大耳环

23. 小班幼儿有意注意的时间是（　　）min 左右。

    A. 5　　　　　　B. 10　　　　　　C. 15　　　　　　D. 20

24.《幼儿园教育指导纲要（试行）》中科学领域的目标之一是（　　）。

    A. 能运用各种感官，动手动脑，探究问题

    B. 能够学习科学文化知识

    C. 能对每个观点提出问题

    D. 引导幼儿对身边常见事物和现象产生兴趣

25.《幼儿园教育指导纲要（试行）》中科学领域的内容与要求之一是（　　）。

    A. 为幼儿创造探研科学的条件

    B. 帮助幼儿学习科技知识

    C. 教导幼儿对每个观点提出问题

    D. 引导幼儿对身边常见事物和现象的特点、变化规律产生兴趣和探究的欲望

26. 给幼儿传授的科学知识应该是（　　）。

    A. 正确的学科知识

    B. 粗浅的、幼儿周围生活中能接触到的

    C. 丰富的

    D. 富有教育性的

27. 对幼儿开展科学教育要尽量创造条件让幼儿亲身参加探究活动，使他们感受科学（　　）和方法，体验发现的乐趣。

A. 探究欲望　　　B. 探索态度　　　C. 探究过程　　　D. 发现过程

28. 引导幼儿对周围环境中的数、量、形、时间和空间等现象（　　），建构初步的数学概念，并学习用简单的数学方法解决生活中某些简单的问题。

A. 进行探索　　　B. 产生兴趣　　　C. 科学探索　　　D. 科学探究

29. 保育员要支持学前儿童在积塑区进行自由探索，这不仅能够促进儿童动手能力和创造能力，也能促进其（　　）能力的发展。

A. 数学　　　　　B. 交谈　　　　　C. 阅读　　　　　D. 游戏

30. 源于生活、（　　）是艺术的主要特征。

A. 反映生活　　　B. 改造生活　　　C. 高于生活　　　D. 忠实于生活

31. 幼儿艺术领域的教育目标之一是让幼儿喜欢参加艺术活动，并能大胆地表现自己的（　　）和体验。

A. 情感　　　　　B. 情绪　　　　　C. 心理　　　　　D. 审美

32. 保育员在观察幼儿游戏时，不仅要观察全班幼儿，而且要观察（　　）。

A. 个别小组　　　B. 所有教师　　　C. 特殊幼儿　　　D. 个别幼儿

33. 下列选项，不属于家园合作中个别参与的方法的是（　　）。

A. 电子邮件　　　B. 飞信　　　　　C. 个别谈话　　　D. 家长开放日

34. 幼儿园与家庭合作的集体参与方法有多种多样，如专题座谈、家长会和（　　）等。

A. 微信　　　　　B. 个别谈话　　　C. 飞信　　　　　D. 家长园地

35. 家长园地是以文字的形式定期对家长进行指导的一种形式，内容多种多样，如宣传栏、（　　）、展览台等。

A. 沙龙　　　　　B. 家长会　　　　C. 黑板报　　　　D. 联系册

36. 在指导家庭教育时，要注意科学性，符合幼儿身心发展的基本规律和（　　）的客观规律，做到理论联系实际，注重实效。

A. 幼儿专长发展　　　　　　　　B. 幼儿综合发展
C. 幼儿教育发展　　　　　　　　D. 幼儿个性发展

37. 幼儿园要根据幼儿与家长的不同特点，开展分类型和（　　）的指导，注意灵活性。

A. 分年龄　　　B. 分个性　　　C. 分家庭　　　D. 分层次

38. 广义的幼儿园环境是指幼儿园教育赖以进行的（　　）要素的总和。

A. 物质和精神　　　　　　　B. 自然与社会

C. 家庭与幼儿园　　　　　　D. 各种条件

39. 保教人员在创设幼儿园环境时应遵循的基本要求是环境创设的（　　）。

A. 规范　　　B. 原则　　　C. 示范　　　D. 标准

40. 几个幼儿正在玩"开商店"的游戏。"店员"要求"买家"用代币买东西，东西的价格标签上大多写着"1元""5元""10元"等。幼儿一开始很感兴趣，但过一会儿就觉得不好玩了。这时，保育员走过来，把价格标签上改写成"6元""15元""17元"，这使得"买家"都紧张起来，想了好一会儿，才拿出不同的代币组合起来买东西。在这一过程中，保育员的作用是（　　）。

A. 控制环境　　　B. 设计环境　　　C. 准备环境　　　D. 调整环境

41. 保育员在新生入园前的家访工作主要是为了了解孩子的特点、脾气秉性和生活习惯，孩子生活的家庭背景和（　　）等情况。

A. 父母的教养方式　　　　　B. 父母的经济状况

C. 孩子智力发展的情况　　　D. 孩子的心理素质

42. 造成幼儿缺乏（　　）的主要原因是家长和教师平时对孩子的事情包办过多，不给孩子独立完成某种任务的机会。

A. 人际交往能力　　　　　　B. 独立生活能力

C. 规则意识和完成规则的能力　　D. 任务意识和完成任务的能力

43. 在幼小衔接现存的问题中最关键的是（　　）。

A. 小学幼儿园化问题　　　　B. 主体的适应性问题

C. 幼儿园小学化问题　　　　D. 幼儿的读写算问题

44. 对学前儿童进行（　　）的目的是促进学前儿童在身体上、心理上和社会适应性等方面的良好发展。

A. 健康教育　　　B. 心理教育　　　C. 体育教育　　　D. 社会教育

45. 保教人员要用幼儿感兴趣的方式发展其基本动作，提高动作的协调性、（　　）。

A. 灵活性　　　B. 安全性　　　C. 标准化　　　D. 平衡性

46. 幼儿园必须把保护幼儿的生命和（　　）放在工作的首位。树立正确的健康观念，在重视幼儿身体健康的同时，要高度重视幼儿的心理健康。

　　A. 保护幼儿的健康　　　　B. 促进幼儿发展

　　C. 促进幼儿的健康　　　　D. 促进幼儿体质发展

47. （　　）是《幼儿园教育指导纲要（试行）》中语言领域的发展目标之一。

　　A. 能清楚地说出自己想做的事　　B. 能用流利的语言表达自己

　　C. 能听懂和说普通话　　　　　　D. 初步掌握正确的语法

48. 利用图书、绘画和其他多种方式，引发幼儿对书籍、阅读和书写的兴趣，培养前阅读和（　　）技能。

　　A. 书写　　　B. 写字　　　C. 前书写　　　D. 前外语

49. （　　）不是《幼儿园教育指导纲要（试行）》中社会领域的目标之一。

　　A. 爱父母长辈、爱老师、爱同伴、爱集体、爱祖国

　　B. 乐意与人交往，学习互助、合作和分享，有同情心

　　C. 理解并遵守日常生活中基本的社会行为规则

　　D. 能主动地参与各项活动，有强烈的自尊心

50. 父母树立良好的榜样对孩子习得良好的（　　）有很大作用。

　　A. 社会性行为　　　　　　B. 说教

　　C. 职业　　　　　　　　　D. 经济收入

51. 幼儿的科学教育是科学启蒙教育，重在激发幼儿的认识兴趣和（　　）。

　　A. 探究欲望　　　　　　　B. 探索态度

　　C. 认识能力　　　　　　　D. 创造性发展

52. 幼儿数学教育是研究幼儿初步数概念发生、（　　）及其教育规律的科学。

　　A. 教学　　　B. 发展　　　C. 学习　　　D. 发现

53. 《幼儿园教育指导纲要（试行）》中数学认知的目标是能从（　　）和游戏中感受事物的数量关系并体验到数学的重要和有趣。

　　A. 教育　　　B. 生活　　　C. 交往　　　D. 教学

54. 引导幼儿对周围环境中的数、量、形、时间和空间等现象产生兴趣,建构初步的(　　)概念,并学习用简单的数学方法解决生活中某些简单的问题。

　　A. 空间　　　　B. 数学　　　　C. 时间　　　　D. 科学

55. 在积木区,小刚正在搭公共汽车,明明想借用小刚的大块方形积木,于是就说:"这个大块积木借我玩一会儿行吗?"小刚说:"不行!"明明说:"老师说了,好孩子应该要分享,你就借我玩一会儿,就一小会儿。"这时明明的学习方式主要是(　　)。

　　A. 观察学习　　B. 模仿学习　　C. 交往学习　　D. 继时学习

56. 美国教育家帕顿把儿童的社会性游戏分为非游戏行为、旁观游戏、独立游戏、平行游戏、联合游戏和(　　)。

　　A. 操作游戏　　B. 合作游戏　　C. 规则游戏　　D. 教学游戏

57. 从儿童认知发展的角度出发,可以将幼儿的游戏分为规则游戏、象征游戏和(　　)。

　　A. 角色游戏　　B. 联合游戏　　C. 练习游戏　　D. 教学游戏

58. 家长会大多由家长集体参加,其内容集中于家长共同关心的问题,类型有专家讲座、教育经验交流会、(　　)等。

　　A. 个别交流　　　　　　　　B. 个别指导
　　C. 家庭教育专题讨论　　　　D. 家庭教育互助

59. 家园联系册是保教人员采用的一种书面形式的(　　)方式。

　　A. 言语沟通　　B. 资料沟通　　C. 集体交流　　D. 个别交流

60. 家访是一种以访问、谈话为主要方式的个别交流方式,虽然花费精力较大,但(　　)。

　　A. 实效性差　　B. 实效性佳　　C. 信息丰富　　D. 信息深入

61. 家庭教育原则中,热爱孩子的原则要求家长要(　　)、关爱孩子、尊重孩子、信任孩子。

　　A. 溺爱孩子　　B. 了解孩子　　C. 要求孩子　　D. 苛责孩子

62. 爸爸妈妈骂,爷爷奶奶护,这种现象违背了(　　)的家庭教育原则。

　　A. 热爱孩子　　B. 教育一致　　C. 全面发展　　D. 要求孩子

63. 幼儿园要对家庭教育进行指导，就必须了解幼儿家长及家庭的情况，以便有针对性地进行联系和工作，一般是利用（　　）、家访、问卷、调查等形式进行。

　　A. 谈话　　　　B. 实验　　　　C. 个案调查　　D. 质化研究

64. 幼儿园要根据幼儿与家长的不同特点，开展（　　）和分层次的指导，注意灵活性。

　　A. 分年龄　　　B. 分类型　　　C. 分家庭　　　D. 分个性

65. 幼儿园要使家长意识到家庭教育需要与国家的教育方针和幼儿园教育法规的精神相一致，这体现了家庭教育指导需要遵循（　　）原则。

　　A. 方向性　　　B. 社会性　　　C. 了解性　　　D. 科学性

66. 保教人员把教育意图隐含在环境中，让环境去说话，这体现了幼儿园环境的（　　）功能。

　　A. 教育　　　　B. 文化　　　　C. 可控　　　　D. 发展

67. 创设环境时，以目标为依据，把环境教育目标落实到月计划、周计划、日计划及其每一个具体的活动中，这体现了环境创设的（　　）原则。

　　A. 开放性　　　　　　　　　　B. 发展适宜性
　　C. 教育目标一致性　　　　　　D. 幼儿参与性

68. 保教人员要根据小班、中班、大班幼儿不同的年龄特征为其提供适宜的发展环境，并促进每个幼儿全面、和谐地发展，这体现了环境创设的（　　）原则。

　　A. 开放性　　　　　　　　　　B. 幼儿参与性
　　C. 教育目标的一致性　　　　　D. 发展适宜性

69. 保育员是幼儿园环境中重要的人的因素，其作用是通过准备环境、（　　）、调整环境来体现和发挥的。

　　A. 检查环境　　B. 利用环境　　C. 控制环境　　D. 设计环境

70. 秋千、荡船等设施能够发展幼儿大肌肉，这些运动对正在学习（　　）运动的幼儿来说是非常重要的。

　　A. 控制身体　　B. 平衡身体　　C. 器械运动　　D. 抓握运动

71. 自制的玩具、教具要力求色彩鲜艳、造型别致、形式多样，最好有响声、可操作。这体现了玩教具制作的（　　）。

  A. 科学性和教育性原则　　　　B. 创新性和趣味性原则

  C. 简易性和实用性原则　　　　D. 安全性和环保性原则

72. 幼儿体操中的徒手操可细分为（　　）。

  A. 模仿操　　B. 韵律操　　C. 武术操　　D. 以上都包括

73. （　　）一般多采用模仿操。

  A. 小班　　　B. 中班　　　C. 大班　　　D. 各个年龄班

74. 幼儿体操中的武术操适合的年龄班是（　　）。

  A. 小班　　　B. 中班　　　C. 大班　　　D. 各个年龄班

75. 下列运动项目中，不属于有氧运动的是（　　）。

  A. 散步　　　B. 跑步　　　C. 做操　　　D. 跳绳

二、多项选择题（选择至少2个正确的答案，将相应的字母填入题内的括号中）

1. （　　）是幼儿身心健康发展的重要标志。

  A. 强健的体魄　　　　　　　B. 愉快的情绪

  C. 发育良好的身体　　　　　D. 协调的动作

  E. 良好的生活习惯和基本的生活能力

2. 下列属于社会领域教育目标的是（　　）。

  A. 喜欢并适应群体生活

  B. 具有良好的生活与卫生习惯

  C. 愿意讲话并能清楚地表达

  D. 能与同伴友好相处

  E. 具备基本的安全知识和自我保护能力

3. 对于观察法的描述，下列正确的是（　　）。

  A. 观察对象不同，观察方法也不同

  B. 同时观察两个物体时，应采用顺序观察法

C. 观察种子的变化应采用追踪观察法

D. 让幼儿自由观察，不需要进行引导

E. 观察前做好充分的物质和心理准备

4. 运用行为练习法开展教育活动时应注意（　　）。

A. 练习的强度和难度符合幼儿的接受水平

B. 注意练习方式的多样性

C. 练习要循序渐进，反复进行

D. 练习要有明确的目的和要求

E. 练习要分组进行

5. 幼儿园中所开展的社会教育主要是指对幼儿进行（　　）等方面的教育。

A. 社会环境　　　　　　　　B. 社会活动

C. 社会规范　　　　　　　　D. 社会文件

E. 社会意志

6. 幼儿园要对家庭教育进行指导，就必须了解幼儿家长及家庭的情况，以便有针对性地进行联系和工作，一般利用（　　）、问卷等形式进行。

A. 谈话　　　　　　　　　　B. 家访

C. 问卷调查　　　　　　　　D. 实验

E. 随机

7. 在幼儿园班级中，保育员的环境准备主要是指（　　）。

A. 购买大型玩具　　　　　　B. 良好的精神环境

C. 选择较清静的场所　　　　D. 合格的物质条件

E. 制作玩、教具

8.《幼儿园教育指导纲要（试行）》中指出，幼儿的语言学习具有个别化的特点，（　　）对幼儿语言发展具有特殊意义。

A. 师生的个别交流　　　　　B. 幼儿之间的自由交谈

C. 幼儿自己　　　　　　　　D. 幼家

9. 在评价幼儿园游戏环境时，要注意环境的（　　）、协调性和适宜发展性。

A. 教育性 B. 游戏性

C. 刺激性 D. 安全性

10. 幼儿园环境创设的原则是保育员在（　　）时应遵循的基本要求。

　　A. 准备环境 B. 调整环境

　　C. 指导教学 D. 物品采购

11. 培养幼儿想象力和创造力的有效措施是（　　）。

　　A. 丰富幼儿的生活经验 B. 鼓励幼儿大胆想象

　　C. 利用文学、艺术形式进行激发 D. 活动中多使用直观教具

　　E. 多开展想象游戏

12. 娃娃家游戏可以发展幼儿的（　　）。

　　A. 语言表达能力 B. 人际交往能力

　　C. 想象创造能力 D. 分工合作能力

　　E. 动手操作能力

13. 导致婴幼儿语言发育迟缓的原因可能是（　　）。

　　A. 精神创伤 B. 模仿

　　C. 语言教育失误 D. 遗传

　　E. 躯体疾病

14. 自闭儿童的典型表现是（　　）。

　　A. 社会交往障碍 B. 交流障碍

　　C. 身材比较矮小 D. 有攻击倾向

　　E. 兴趣狭窄及刻板重复

15. 对自闭儿童的管理工作包括（　　）。

　　A. 教会孩子穿脱衣服

　　B. 教会孩子正确使用餐具

　　C. 提高孩子独立生活的能力

　　D. 多让孩子接触大自然

　　E. 多让孩子参加与儿童相关的各类活动

三、判断题（将判断结果填入括号中，正确的填"√"，错误的填"×"）

1. （　　）做好新生入园的重点是尽快帮助孩子在新环境建立起安全感。

2. （　　）幼儿上课随便说话、玩东西、搞小动作是其缺乏独立意识和独立生活能力的表现。

3. （　　）父母或者其他监护人应当尊重未成年人接受教育的权利，必须使适龄未成年人按照规定接受义务教育，不得使在校接受义务教育的未成年人辍学。

4. （　　）瑞士心理学家皮亚杰从儿童认知的角度出发，把游戏分成练习游戏、象征游戏和规则游戏。

5. （　　）家长需要意识到只有对孩子进行特长教育，才能更有利于孩子未来的竞争和生存。

6. （　　）保教人员应该视家长的经济情况不同而差异性地对待家长，这样才能更有针地性，也更尊重家长。

7. （　　）影响幼儿园环境的主要因素是物质因素，物质因素对幼儿园环境质量具有决定性的影响。

8. （　　）从一般年龄特征来看，小班和中班幼儿在身心发展特点上的差异不算明显，所以需要的环境也大致相同。

9. （　　）若幼儿园经济条件差，则创设环境时必须考虑经济性原则。

10. （　　）了解幼儿园教育工作计划的类型是保育员主动配合室内教育活动的工作内容之一。

11. （　　）幼儿园数学教育更应该注重幼儿思维的发展，而不仅只是注重幼儿计算能力的发展。

12. （　　）在指导家庭教育时，保育员要注意分析幼儿表现的个别行为，得出结论后告知家长，并指导家长如何实施家庭教育。

13. （　　）2~3岁的幼儿对角色游戏感兴趣，常把结构材料堆起垒高，然后推倒，不断重复，从中得到快乐和满足。

14. （　　）水、泥、沙、石等自然材料和废旧物品在安全和卫生上不容易控制，所以不能作为幼儿园常见的玩具和材料。

15. （　　）正确的家庭干预有助于自闭儿童缓解疾病症状。

参考答案

一、单项选择题

1. B　2. C　3. A　4. A　5. C　6. B　7. C　8. B　9. D　10. D
11. A　12. C　13. A　14. C　15. A　16. B　17. A　18. A　19. A　20. B
21. C　22. D　23. A　24. A　25. D　26. B　27. C　28. B　29. A　30. C
31. A　32. D　33. D　34. D　35. C　36. C　37. D　38. D　39. B　40. D
41. A　42. D　43. B　44. A　45. A　46. C　47. A　48. C　49. D　50. A
51. A　52. B　53. B　54. B　55. C　56. B　57. C　58. C　59. D　60. B
61. B　62. B　63. A　64. B　65. A　66. C　67. C　68. D　69. C　70. A
71. B　72. D　73. A　74. C　75. A

二、多项选择题

1. ABCDE　2. AD　3. ABC　4. ABCD　5. ABCD
6. ABC　7. BD　8. AB　9. ACD　10. AB
11. ABCE　12. ABCDE　13. ABCE　14. ABE　15. ABCDE

三、判断题

1. √　2. ×　3. √　4. √　5. ×　6. ×　7. ×　8. ×　9. ×　10. √
11. √　12. ×　13. ×　14. ×　15. √

第五章 指导与培训

考 核 要 点

指导与培训考核范围	考核要点	重要程度
理论知识培训与指导	1. 理论知识培训的意义	掌握
	2. 理论知识培训的原则	熟悉
	3. 理论知识培训的形式	熟悉
	4. 理论知识培训的方法	掌握
	5. 培训的一般流程	掌握
操作指导	1. 操作指导的意义	掌握
	2. 操作指导的原则	掌握
	3. 操作指导的方法	掌握

重点复习提示

一、理论知识培训与指导

1. 理论知识培训的意义

保育员队伍的整体素质和工作水平直接决定和影响幼儿的成长,因此,加强对保育员的培训与指导,是提高保育员素质、提高保教工作质量的基础和前提。

2. 理论知识培训的原则

理论知识培训的原则是循序渐进的原则、理论联系实际的原则、互动的原则。

3. 理论知识培训的形式

常见的理论知识培训方法包括讲授法、示范指导法、案例分析法、小组讨论法等,这些形式和方法可以灵活采用。

4. 理论知识培训的方法

常见的理论知识培训的方法有讲解法、讨论交流法。

5. 培训的一般流程

(1) 收集信息。培训要求信息是制订培训计划的基本依据,也是保障培训有效性的基础。

(2) 编制培训计划。培训计划包括培训主题、培训方式、培训对象、授课教师、培训地点、考核方式等。

(3) 组织实施。组织实施是培训计划落实的过程,需要组织者随时协调各方面的关系。

(4) 培训质量评估。学员学习质量的考核评价通过实际操作和理论知识两方面进行,主要考核学员应掌握的技能是否达到岗位操作要求;教师授课质量评价通过学员培训考核结果来评价,即学员已掌握技能和喜爱上课程度两个维度进行评价。

二、操作指导

1. 操作指导的意义

对初级、中级保育员的操作技能指导是确保保育工作质量、提高保育员工作水平的重要步骤。所以,要加强对初级、中级保育员的工作指导,以提高其工作水平,促进学前教育的科学化、规范化发展,促进幼儿健康成长。

2. 操作指导的原则

操作指导的原则是理论联系实际的原则,平等、互学的原则。

3. 操作指导的方法

操作指导是指在工作目标实现过程中进行的方法传授、指导、训练、咨询等服务。一般的操作指导方法有示范教学法、操作练习法。

理论知识辅导练习题

一、单项选择题（选择一个正确的答案，将相应的字母填入题内的括号中）

1. 理论知识培训的互动原则是指在培训过程中提倡（　　）。
   A. 循序渐进　　　　　　　　B. 理论联系实际
   C. 师生、生生互动　　　　　D. 操作练习

2. 高级保育员应能指导初级、中级保育员写出（　　）和撰写专业文章。
   A. 管理周计划　　　　　　　B. 保育工作计划、总结
   C. 教学周计划　　　　　　　D. 教学月计划

3. 在指导操作时，高级保育员应讲清（　　）、工作职责和工作要求。
   A. 教师工作的内容　　　　　B. 幼儿家长的工作内容
   C. 保育员工作的内容　　　　D. 园长工作的内容

4. 在实际操作中，要求高级保育员能对初级、中级保育员讲清保育员每一个工作环节的（　　），并能进行示范。
   A. 步骤　　　B. 目的　　　C. 工作要点　　　D. 结果

5. 以下不属于保育员操作指导原则的是（　　）。
   A. 平等原则　　　　　　　　B. 理论联系实际原则
   C. 系统原则　　　　　　　　D. 互学原则

6. 高级保育员在理论知识培训过程中，要遵循（　　）、理论联系实际的原则、互动的原则等。
   A. 循序渐进原则　　　　　　B. 参与式原则
   C. 系统性原则　　　　　　　D. 生动性原则

7. （　　）有利于初级、中级保育员系统、快速地接受理论知识，提高整体理论水平。
   A. 讲解法　　　B. 演示法　　　C. 讨论法　　　D. 练习法

二、多项选择题（选择至少 2 个正确的答案，将相应的字母填入题内的括号中）

1. 培训计划编制的内容要素包括（　　）。
   A. 培训目的　　　　　　　　　　B. 培训对象
   C. 培训主题和内容　　　　　　　D. 培训时间、场地
   E. 培训方式

2. 确定培训主题和内容时，应考虑（　　）。
   A. 受训者的专业基础　　　　　　B. 受训者的能力
   C. 培训者掌握的资源　　　　　　D. 培训者课件制作水平
   E. 受训者的专业发展需求

3. 培训考核的形式包括（　　）。
   A. 学习笔记　　　　　　　　　　B. 小组讨论
   C. 模拟考核　　　　　　　　　　D. 书面作业
   E. 培训小结

三、判断题（将判断结果填入括号中，正确的填"√"，错误的填"×"）

1. （　　）高级保育员在培训过程中，要明确幼儿的主动性和积极性的产生主要是由其性格特点决定的。

2. （　　）高级保育员在培训过程中，要启发初级、中级保育员思考：在各种教育活动中，婴幼儿能否投入和积极参与是活动能否取得成功的关键。

3. （　　）高级保育员在操作指导过程中，要遵循平等、互学的原则及理论联系实际的原则。

4. （　　）讲授法适于传授新理念、新知识，是最常用的一种培训方法。

5. （　　）周密的培训计划可以有效避免培训目标出现偏差、培训资源应用不当等问题。

6. （　　）培训的目的应从培训者掌握的资源出发，要有针对性。

7. （　　）父母的教养方式对子女的发展和成长至关重要。

参 考 答 案

一、单项选择题

1. C   2. B   3. C   4. C   5. C   6. A   7. A

二、多项选择题

1. ABCDE   2. ABE   3. ABCDE

三、判断题

1. ×   2. √   3. √   4. √   5. √   6. ×   7. √

第二部分

操作技能考核指南

考核内容层次结构表

保育员操作技能考核内容层次结构表采用了模块化的结构形式，既可以保证考核内容的完整性、统一性，又能够满足各个技能等级之间在考核内容和形式上的不同要求，还是组成试卷的重要依据。在考核试卷中，试题的类型、数量、考核比重和考核时间都在结构表中有明确的规定。

本结构表根据《保育员国家职业技能标准（2019年版）》的要求，将保育员（高级）的全部操作技能考核内容划分为"卫生管理""生活管理""配合教育活动""培训与指导"4个一级模块、12个二级模块，并标注考核比重、考核时间以及考核方式，考试试卷需按结构表要求组成。

保育员（高级）操作技能考核内容层次结构表见表2-1。

表2-1 保育员（高级）操作技能考核内容层次结构表

考核范围\考核要求	卫生管理		生活管理						配合教育活动				指导与培训		合计
	清洁卫生	消毒	健康观察与维护	意外伤害的防范	组织进餐	组织盥洗如厕	组织饮水	组织睡眠	保管和使用物品	配合室内教育活动	配合室外教育活动	参与家长工作	环境创设	工作记录	理论培训	操作指导	
选考方式	必考									必考	必考		–	任选一项		12项
考核比重（%）	6	7	6	6	10	8	–	8	–	15	15	4	10	–	5	5	100
考核时间（min）																	90
考核形式	简答题 分析题		简答题 分析题							简答题 分析题				简答题 分析题		简答题 分析题

考核要素细目表

考核要素细目表是试题库总体结构和考核内容层次结构表的具体表现形式，该表按照技能等级分别列出，共分为两级模块。二级模块下的"考核点"即为操作技能考核试题的考核内容。

保育员（高级）操作技能考核要素细目表见表2-2。

表2-2 保育员（高级）操作技能考核要素细目表

考核范围（一级）		考核范围（二级）		考核点	
名称	考核比重	名称	考核比重	名称	重要程度
卫生管理	13%	清洁卫生	6%	1. 每日扫除的内容	掌握
				2. 幼儿撒饭后的清洁	掌握
				3. 不同情况下的室内清洁	掌握
				4. 不同情况下的通风方法	熟悉
				5. 幼儿呕吐物的清洁卫生	掌握
				6. 幼儿排泄物的清洁卫生	掌握
				7. 幼儿呕吐和腹泻的原因	熟悉
		消毒	7%	1. 幼儿园常用的消毒方法	熟悉
				2. 漂白粉溶液的配制程序	掌握
				3. 84消毒液的配制程序	掌握
				4. 配制消毒液的注意事项	掌握
				5. 根据配制公式进行简单计算	熟悉
				6. 食具、水杯、毛巾、餐具的消毒	掌握
				7. 餐桌的消毒	掌握
				8. 门把手、洗手水龙头的消毒	掌握
				9. 饮水桶水龙头的消毒	掌握
				10. 厕所、便器的消毒	掌握

续表

考核范围（一级）		考核范围（二级）		考核点	
名称	考核比重	名称	考核比重	名称	重要程度
生活管理	38%	健康观察与维护	6%	1. 日托园晨检的方法	掌握
				2. 接待来园的内容	掌握
				3. 整托园晨检的方法	掌握
				4. 发热患儿的护理	掌握
				5. 生病幼儿的日常护理	掌握
				6. 测量身高（长）、体重的准备	熟悉
				7. 身高（长）、体重的测量程序	熟悉
		意外伤害的防范	6%	1. 鼻腔、咽异物的处理	掌握
				2. 眼内、外耳道异物的处理	掌握
				3. 气管异物的处理	掌握
				4. 幼儿走失的防范	掌握
				5. 幼儿跌落伤的处理	掌握
				6. 幼儿跌倒的预防	掌握
				7. 幼儿中暑的处理	掌握
				8. 幼儿鼻出血的处理	掌握
				9. 幼儿虫咬伤的处理	掌握
		组织进餐	10%	1. 值日生工作的准备	掌握
				2. 对值日生清洁工作的指导	掌握
				3. 对值日生分发餐具的指导	掌握
				4. 提高食欲的方法	熟悉
				5. 大班幼儿自取食物的指导	熟悉
				6. 幼儿正确进餐姿势的指导	熟悉
				7. 幼儿学习用勺进餐的准备	掌握
				8. 对幼儿用勺进餐的指导和注意事项	掌握
				9. 幼儿学习用筷子的准备	掌握
				10. 对幼儿用筷子进餐的指导和注意事项	掌握
				11. 对幼儿咀嚼食物的指导	掌握

续表

考核范围（一级）		考核范围（二级）		考核点	
名称	考核比重	名称	考核比重	名称	重要程度
生活管理		组织盥洗如厕	8%	1. 幼儿洗手、洗脸的准备	掌握
				2. 对幼儿洗手的指导	掌握
				3. 对幼儿洗脸的指导	掌握
				4. 对幼儿漱口刷牙的指导	掌握
				5. 幼儿洗澡的准备	掌握
				6. 为幼儿洗澡的方法	掌握
				7. 对幼儿洗澡的指导	掌握
				8. 对幼儿洗脚、洗屁股的指导	掌握
				9. 对幼儿如厕的指导	掌握
		组织睡眠	8%	1. 对幼儿独立就寝的指导步骤	掌握
				2. 幼儿正确睡姿	掌握
				3. 幼儿良好睡眠习惯的内容	掌握
				4. 遗尿的观察	掌握
				5. 幼儿遗尿的预防和纠正	熟悉
				6. 幼儿遗尿后衣被的更换方法	掌握
				7. 幼儿睡眠中遗尿的原因	熟悉
				8. 睡眠中对个别幼儿的照顾	掌握
				9. 穿脱衣服的顺序	掌握
				10. 叠被的注意事项	掌握
配合教育活动	44%	配合室内教育活动	15%	1. 保育员参加幼儿的部分游戏和教学活动的工作程序	掌握
				2. 保育员参加幼儿的部分游戏和教学活动的注意事项	熟悉
				3. 总结保育工作的程序及保育工作总结的相关知识	熟悉
				4. 保育工作总结中应注意的事项	熟悉
				5. 图书区活动的指导方法与注意事项	熟悉
				6. 指导个别幼儿参与活动的工作程序	掌握
				7. 指导个别幼儿参与活动的注意事项	掌握

续表

考核范围（一级）		考核范围（二级）		考核点	
名称	考核比重	名称	考核比重	名称	重要程度
配合教育活动		配合室外教育活动	15%	1. 室外活动中给幼儿增减衣服的工作程序	掌握
				2. 室外活动中给幼儿增减衣服的相关知识及注意事项	掌握
				3. 室外活动中照顾体弱儿的工作程序	掌握
				4. 室外活动中照顾体弱儿的注意事项	熟悉
				5. 照顾肥胖儿的工作程序	掌握
				6. 照顾肥胖儿的注意事项	掌握
				7. 照顾肥胖儿的相关知识	熟悉
				8. 照顾胆怯儿的工作程序	掌握
				9. 照顾多动儿的工作程序	掌握
		参与家长工作	4%	1. 家长开放日的准备与活动配合	熟悉
				2. 接送幼儿时交流的重要性和注意事项	掌握
				3. 对家长的教育方法进行指导	掌握
		环境创设	10%	1. 制作玩具、教具的工作程序	掌握
				2. 制作玩具、教具的注意事项	熟悉
				3. 选择玩具、教具的材料要求	掌握
指导与培训	5%	理论培训	5%	1. 对初级保育员进行理论知识培训	掌握
				2. 对中级保育员进行理论知识培训	掌握
		操作指导	5%	1. 对初级保育员进行操作技能指导	掌握
				2. 对中级保育员进行操作技能指导	掌握

操作技能辅导练习题

一、简答题

1. 简述幼儿园日常消毒的内容。
2. 简述幼儿意外伤害轻重的判断依据。
3. 简述全日观察的内容。
4. 简述对肥胖儿进餐的照顾方法。
5. 简述创设良好幼儿教育活动环境应遵循的工作程序。
6. 针对幼儿在游戏和教学中经常出现的一些问题,保育员应如何解决?

二、案例分析题

1. 请对案例中保育员李老师的清洁消毒方法进行分析,指出其错误之处并说明正确做法。

小三班华华小朋友腹泻,经保健医生诊断为细菌性痢疾引起。保育员李老师连忙进行一系列清洁消毒操作:用 0.5% 过氧乙酸对室内地面和 1.5 m 以下墙壁喷雾消毒 20 min;用 3% 煤酚皂溶液(来苏水)浸泡患儿用过的便盆 10 min。

2. 请指出保育员的工作失误,并运用相关知识、结合自身的实践谈谈幼儿头部摔伤的处理方法。

小二班刘云小朋友在户外玩滑梯时摔倒了,不停地啼哭。保育员张老师过来看了看,见刘某枕部微肿但无出血,就轻轻地给他揉了揉,说:"没关系的,你要勇敢些,不要哭。"餐后,刘云出现了呕吐症状,张老师问:"是肚子不舒服吗?喝点水,嗽嗽口就好了。"随后清扫了呕吐物。

3. 请指出保育员的工作正误，并说明小儿惊厥的正确处理方法。

小一班杨云小朋友体温 39.6 ℃，突然出现眼球凝视、双手握拳、唇青紫、意识丧失症状，保育员王老师估计可能是高热抽搐，于是马上把杨云平放在床上，然后用手指按压其人中沟下三分之一的穴位，并用力撬开其紧闭的牙关，把毛巾塞进口腔内，随后即送医诊治。

4. 观看案例演示片 3 遍，指出保育员在做个别幼儿教育工作中出现的工作失误（至少 4 处），并说明正确做法。

5. 请分析并指出保育员丁老师的做法错在哪里，正确的做法是什么。

兰兰生性胆怯，什么事都不主动去做，没做过的事坚决不肯尝试，如果执意让她做，她一定会大哭不止。有一天，幼儿园组织幼儿走平衡木，保育员丁老师准备扶着兰兰走过去，可是，兰兰抱着丁老师不撒手，说什么也不肯迈步。丁老师耐心地说："你看看人家小朋友都那么勇敢，怎么就你不行呢？都是让你爸妈给惯的，今天一定要让你自己走一个试试，让你锻炼锻炼胆量，要不然你将来长大了什么也做不了。"说着掰开兰兰的手，把她一个人放在了平衡木上。

6. 请指出保育员梁老师的工作失误，并说明保育员应如何配合主题活动协助教师制作玩具、教具。

六一儿童节前夕，为了展示幼儿的作品，幼儿园组织幼儿进行一次综合性的美术活动。延续以往的剪纸、绘画、粘贴和泥工四个组，并增加了一个新的小组——拓印，梁老师提出要求后就让孩子们自由选择。孩子们看到有新的材料，都想尝试一下，于是纷纷争抢，互不相让，梁老师一时竟不知所措，只好一边着急地帮孩子将桌椅分成五组，一边扒拉孩子就近找个地方坐下赶紧进行操作，教室里一片混乱。活动过程中，孩子们频频过来找梁老师，说自己不会做，梁老师马上接过来帮助制作。

7. 观看案例演示片 3 遍，指出保育员在户外活动准备环节中出现的工作失误（至少 4 处），说明正确做法，并对其中两点进行理论分析。

8. 观看案例演示片 3 遍，指出保育员在做个别幼儿教育工作中出现的工作失误（至少 4 处），并说明正确做法。

三、实操题

【题目1】修订幼儿园清洁卫生制度

1. 考核要求

考生熟悉制定幼儿园清洁卫生制度的工作要求，能遵循可行性、灵活性、全面性等原则，掌握制定幼儿园清洁卫生制度的基本步骤。

2. 准备工作

准备一份幼儿园现有的清洁卫生制度、稿纸、书写工具等。

现有清洁卫生制度：

某幼儿园清洁卫生制度

1. 空气消毒。活动室消毒时间为12:00—13:00，寝室消毒时间为10:00—11:00，消毒后打开窗户通风（消毒有效区为灯管周围1.5~2 m）。

2. 保持通风。保育员到岗后，先打开所有窗户进行通风；室温与外界温度接近时，保持全天通风。

活动室通风时间：7:40—12:00，13:00—16:20。

寝室通风时间：7:40—10:00，11:00—11:40，14:30—16:30。

3. 高温消毒。餐具做到每餐消毒，上午消毒时间：10:00—10:30，下午消毒时间14:00—14:30。水杯每日清洗消毒时间为12:00—12:30（清洗时不能直接放入水池，要用盆或盒子）。

4. 84消毒液消毒。床栏、桌椅、门把手、厕所、水池每日用1∶200的84消毒液擦洗一次，每周五彻底擦洗和消毒。桌椅、门把手、厕所、水池消毒时间为12:00—12:30，床栏消毒时间为14:30—15:00。餐桌每次餐前饭后先用清水擦洗一遍，再用消毒液擦洗一遍，最后用清水擦一遍（消毒抹布和清水抹布要分开）。

5. 玩具、图书消毒。塑料玩具每周五用消毒液浸泡一次（时间是30 min）并晒干。图书、教具放在阳光下暴晒2 h或用紫外线消毒灯照射30 min。

6. 床上用品消毒。床单、被套、枕套每月清洗、消毒一次；被子、褥子、枕头每月暴晒一次。传染病季节每周五让家长拿回暴晒，时间是 4~6 h；雨季用紫外线消毒灯照射 30 min。

7. 每周五进行彻底的卫生扫除工作，每月底进行全园大扫除，不留死角，全面保障幼儿园卫生。

8. 垃圾每天及时处理，不过夜。紫外线消毒灯每周五用酒精棉纱擦拭一次。

3. 考核时限

操作基本时间为 10 min，每超过 1 min 从本题总分中扣除 5%，操作超过基本时间 20 min 本题计 0 分。

4. 评分项目及标准

序号	评分内容	考核要点	配分	评分标准
1	符合相关法律法规	遵守《托儿所幼儿园卫生保健管理办法》《中华人民共和国传染病防治法》等法律法规	1	遵守各项法律法规 错、漏一处扣 0.5 分，扣完为止
2	符合幼儿园实际需要	消毒范围包含幼儿园公共空间、教具及用品各种设施设备、玩具	2	消毒范围包括活动室、寝室、盥洗室以及其中的各种设施设备、玩具、教具及用品 错、漏一处扣 0.5 分，扣完为止
3	清洁消毒措施全面	空气消毒	2	包含开窗通风和紫外线照射 缺少一项扣 1 分
3	清洁消毒措施全面	消毒剂消毒	2	正确配比并使用消毒剂 消毒液名称和比例不对均扣 1 分，扣完为止
3	清洁消毒措施全面	高温消毒	2	包含蒸汽消毒、消毒柜高温消毒 缺少一项扣 1 分
4	呈现形式	一目了然，便于记忆	1	以表格形式呈现，便于记忆 呈现方式不便于记忆扣 0.5 分
		合计	10	

【题目2】口述 3 种常见传染病的潜伏期、隔离期和检疫期

1. 考核要求

考生能说出 3 种常见传染病的潜伏期、隔离期和检疫期，掌握传染病潜伏

期、隔离期和检疫期的基本知识。

2. 准备工作

考生抽取 3 种传染病的名称。

3. 考核时限

操作基本时间为 3 min，每超过 1 min 从本题总分中扣除 5%，操作超过基本时间 6 min 本题计 0 分。

4. 评分项目及标准

序号	评分内容	考核要点	配分	评分标准
1	水痘	潜伏期	1	14~16 天 不准确不得分
		患者隔离期	1	隔离至脱痂，最好不少于发病后的 2 周 不准确不得分
		接触者检疫期	1	21 天 不准确不得分
2	流行性腮腺炎	潜伏期	1	16~18 天 不准确不得分
		患者隔离期	1	至腮腺肿胀完全消失为止，发病后 10 天 不准确不得分
		接触者检疫期	1	21 天 不准确不得分
3	手足口病	潜伏期	1	2~7 天 不准确不得分
		患者隔离期	2	隔离 2 周 不准确不得分
		接触者检疫日期	1	21 天 不准确不得分
	合计		10	

【题目 3】口述常见消化道传染病的具体消毒措施

1. 考核要求

考生能说出常见消化道传染病的具体消毒措施，掌握消化道传染病消毒的工作要求。

2. 准备工作

考生抽取常见消化道传染病需消毒的范围。

3. 考核时限

操作基本时间为 3 min，每超过 1 min 从本题总分中扣除 5%，操作超过基本时间 6 min 本题计 0 分。

4. 评分项目及标准

序号	评分内容	考核要点	配分	评分标准
1	呕吐物、排泄物的消毒	呕吐物、排泄物的消毒方法，包括消毒剂、消毒方式、作用时间	2	用相当于呕吐物、排泄物量 1/5 的干漂白粉进行充分搅拌消毒，放置 2 h，倒掉并对用具进行消毒液浸泡消毒 消毒粉量达不到扣 1 分，作用时间不足扣 1 分
2	生活用品消毒	餐饮具的消毒方法，包括消毒剂、消毒方式、作用时间	2	餐具、水杯高温沸消毒 20 min 消毒方法和作用时间不正确均扣 1 分
2	生活用品消毒	衣物的消毒方法，包括消毒剂、消毒方式、作用时间	2	衣物用 1∶100 的 84 消毒液浸泡 消毒方法不对扣 1 分，比例不对扣 1 分
2	生活用品消毒	被褥的消毒方法，包括消毒剂、消毒方式、作用时间	2	被褥暴晒 4~6 h 消毒方法不对、暴晒时间达不到要求扣 1 分
3	双手消毒	洗手方法	2	冲洗、打肥皂（洗手液）、用流动水洗手 每少一个步骤扣 1 分，扣完为止
	合计		10	

【题目 4】幼儿擦破皮肤的处理

1. 考核要求

考生能较完整、正确地进行伤口较浅、伤口较深、伤势较重三种情况的处理，语言辅助讲述清楚、正确。

2. 准备工作

准备净水或生理盐水、棉棒、酒精、红药水或紫药水、纱布（或毛巾、手绢）、棉花、长布带子。

3. 考核时限

准备时间和操作时间共计 6 min，每超过 1 min 从本题总分中扣除 5%，超过总时间 9 min 本题计 0 分。

4. 评分项目及标准

序号	评分内容	考核要点	配分	评分标准
1	较浅伤口的处理	清洁伤口	1	除掉泥沙等脏物，用净水和蘸药棉棒清洁伤口 不除净脏物扣 0.5 分，清洁伤口不干净扣 0.5 分
		消毒	1	在伤口处涂上红药水或紫药水 消毒方法不正确扣 1 分
2	较深、有出血伤口的处理	清洁伤口	1	用净水或生理盐水清洁伤口 清洁伤口不干净扣 1 分
		消毒	1	用酒精消毒伤口 不用酒精消毒扣 1 分
		包扎	1	用干净的纱布（或毛巾、手绢）扎紧出血处 包扎物不干净扣 0.5 分，包扎不紧扣 0.5 分
3	较重伤势的处理	止血	2	在伤口上加一层棉花、纱布之类的软垫，再用较长、较宽的布带子缠紧 不加软垫扣 1 分，不用长带缠紧扣 1 分
		送医院	1	交医生进行医学处理，确保幼儿健康安全 不能马上送医进行处理扣 1 分
	合计		8	

【题目 5】幼儿手挤伤的处理

1. 考核要求

考生能较完整、正确地进行各种情况手挤伤的处理，语言辅助讲述清楚正确。

2. 准备工作

准备净水、棉棒、酒精、纱布（或毛巾、手绢）。

3. 考核时限

准备时间和操作时间共为 5 min，每超过 1 min 从本题总分中扣除 5%，超过总时间 8 min 本题计 0 分。

4. 评分项目及标准

序号	评分内容	考核要点	配分	评分标准
1	没有破损的处理	清洁	1	用水冲洗 不马上用水冲洗扣 1 分
		减轻痛苦	1	冷敷 不能及时冷敷扣 1 分
2	出血的处理	消毒	1	用酒精消毒伤口 不用酒精消毒扣 1 分
		包扎	1	用干净的纱布（或毛巾、手绢）包好挤伤处 包扎不好扣 1 分
3	指甲掀开或脱落的处理	送医院	1	交医生进行医学处理，确保婴幼儿健康安全 不及时送医处理扣 1 分
	合计		5	

【题目 6】幼儿手被扎伤的处理

1. 考核要求

考生能较完整、正确地进行各种情况手扎伤的处理，语言辅助讲述清楚正确。

2. 准备工作

准备净水、生理盐水、棉球、酒精、针、镊子。

3. 考核时限

准备时间和操作时间共计 5 min，每超过 1 min 从本题总分中扣除 5%，超过总时间 8 min 本题计 0 分。

4. 评分项目及标准

序号	评分内容	考核要点	配分	评分标准
1	清洁消毒	清洁伤口	1	先将伤口用净水或生理盐水进行清洗 清洁伤口不干净扣 1 分
		工具消毒	1	用酒精棉球将针或镊子消毒 不对针或镊子消毒扣 1 分

续表

序号	评分内容	考核要点	配分	评分标准
2	拔刺	拔刺	2	用消过毒的针或镊子顺着刺的方向把刺全部挑、拔出来,不能有残留 未按正确的方向拔出刺扣1分,操作正确但没有全部拔出扣1分
		清理淤血	1	挤出淤血 不挤淤血扣1分
		消毒	1	用酒精消毒伤口 不消毒扣1分
3	指甲掀开或脱落的处理	送医院	1	如果刺扎在指甲或难以拔出的位置,应送医院处理 不及时送医院扣1分
	合计		7	

【题目7】婴幼儿骨折的处理

1. 考核要求

考生能较完整、正确地进行四肢骨折、头部骨折、腰部骨折的处理,语言辅助讲述清楚正确。

2. 准备工作

准备棉纱、木板、竹片、硬纸板、门板、绷带、沙袋、衣物等。

3. 考核时限

准备时间和答题时间共计7 min,每超过1 min从本题总分中扣除5%,超过总时间10 min本题计0分。

4. 评分项目及标准

序号	评分内容	考核要点	配分	评分标准
1	四肢骨折的处理	固定断肢	3	(1)在断肢上垫上软物 (2)用木板(竹片、硬纸板均可)将断肢及上下关节固定 (3)缠上绷带 缺少一项扣1分
		送医院	1	交医生进行正规的医疗处理,确保安全 不及时送医院扣1分

续表

序号	评分内容	考核要点	配分	评分标准
2	头部骨折的处理	固定头部	1	用沙袋、衣物将头部固定，使之不晃动 固定不好扣1分
		送医院	1	交医生进行正规的医疗处理，确保安全 不及时送医院扣1分
3	腰部骨折的处理	固定腰部	1	用硬木板或门板作为担架，将患者固定在担架上 固定不好扣1分
			2	口述注意事项：严禁伤者走路、弯腰，严禁背、抱伤者或用软担架抬送，否则容易使断骨刺伤骨髓，造成截瘫 根据口述情况酌情扣分
		送医院	1	交医生进行正规的医疗处理，确保安全 不及时送医院扣1分
合计			10	

【题目8】口述幼儿大便异常的处理方法

1. 考核要求

考生能较完整地讲述幼儿腹泻、便秘、痢疾等大便异常的处理方法。

2. 准备工作

准备考生答题用的纸和笔（考试形式为口述，纸和笔只作为考生准备答题的草稿纸用）。

3. 考核时限

准备时间和答题时间共计10 min，每超过1 min从本题总分中扣除5%，超过总时间12 min本题计0分。

4. 评分项目及标准

序号	评分内容	考核要点	配分	评分标准
1	腹泻的处理方法	消化不良的处理方法	1	（1）大便呈糊状，有臭味 （2）调节饮食 错、漏一项扣0.5分

续表

序号	评分内容	考核要点	配分	评分标准
1	腹泻的处理方法	急性肠炎的处理方法	1	（1）蛋花样稀水便，大便次数增多 （2）立即联系家长，送医院进行治疗 错、漏一项扣0.5分
		感染病毒的处理方法	1	（1）大便呈蛋花样但无臭味 （2）立即联系家长，及时进行治疗 错、漏一项扣0.5分
		感染痢疾的处理方法	1	（1）大便有脓血或黏液 （2）特殊的抗生素治疗 错、漏一项扣0.5分
		注意事项	1	（1）及时补充水分，防止脱水 （2）食用温热、易消化的食物 错、漏一项扣0.5分
2	便秘的处理方法	养成良好的饮食习惯	1.5	（1）饮食多样化 （2）食物搭配合理 （3）保证进食量 错、漏一项扣0.5分
		养成良好的排便习惯	1	（1）固定排便时间 （2）喝蜂蜜水润肠 错、漏一项扣0.5分
		减少药物影响	1	（1）避免长期服用引起便秘的药物 （2）避免形成药物依赖 错、漏一项扣0.5分
		增大运动量	1	适度的运动可以促进胃肠蠕动 错、漏不得分
		正确对待婴幼儿的排便	1	（1）创造良好的排便氛围 （2）帮孩子树立排便信心 错、漏一项扣0.5分
3	痢疾的处理方法	普通型细菌性痢疾的处理方法	1.5	（1）做好预防工作 （2）不吃不清洁的食物 （3）养成饭前便后洗手的良好习惯 错、漏一项扣0.5分

续表

序号	评分内容	考核要点	配分	评分标准
3	痢疾的处理方法	中毒型细菌性痢疾的处理方法	2	及时治疗，否则会有生命危险 治疗主要是抗感染，维持机体的水、电解质平衡，纠正酸中毒 错、漏一项扣1分
	合计		14	

【题目9】口述为幼儿创设良好心理环境的方法

1. 考核要求

（1）考生能熟练表述为幼儿创设良好心理环境的工作内容。

（2）具体方法运用正确、合理、全面。

2. 准备工作

准备考生答题用的纸和笔（考试形式为口述，纸和笔只作为考生准备答题的草稿纸用）。

3. 考核时限

基本时间为15 min，每超过2 min从本题总分中扣除10%，超过基本时间10 min本题计0分。

4. 评分项目及标准

序号	评分内容	考核要点	配分	评分标准
1	建立良好的师生关系	营造和谐的班级气氛	1	热爱幼儿，营造温馨和谐的班级气氛 缺少此项扣1分
		正确地对待幼儿	4	（1）尊重幼儿，满足他们的合理需要 （2）宽容、理解每一位幼儿 （3）多欣赏、赞美每一位幼儿 （4）积极主动地与幼儿交往 错、漏一项扣0.5分
2	建立良好的同伴关系	说明道理	2	引导幼儿了解学前教育机构是一个集体，是小朋友的另一个家，小朋友在一起是好朋友、好伙伴，要与同伴和睦相处 根据答题情况酌情扣分

续表

序号	评分内容	考核要点	配分	评分标准
2	建立良好的同伴关系	示范和引导	1	发挥示范和引导作用,帮助幼儿建立良好的同伴关系 缺少此项扣1分
	合计		8	

【题目10】演示"保育员消毒知识培训"的理论培训过程

1. 考核要求

(1) 理论知识讲解正确、科学。

(2) 遵循培训的原则。

(3) 培训方法得当。

(4) 培训效果良好。

2. 准备工作

初级、中级保育员共6人,保育员消毒知识培训方案一份,白纸(数张),签字笔,比例尺。

3. 考核时限

基本时间为15 min,每超过2 min从本题总分中扣除10%,超过基本时间10 min本题计0分。

4. 评分项目及标准

序号	评分内容	考核要点	配分	评分标准
1	培训内容	正确、科学	2	(1) 消毒理论知识讲解正确,没有知识性错误 (2) 消毒理论知识讲解细致、全面 错、漏一项扣1分
2	培训原则	贯彻培训原则	3	(1) 讲解相关理论知识时,能够做到理论联系实际 (2) 理论知识讲解由易到难,循序渐进地引向深入 (3) 讲解中穿插问题和讨论,有互动交流环节 错、漏一项扣1分

续表

序号	评分内容	考核要点	配分	评分标准
3	培训方法	恰当合理	3	(1) 理论讲解透彻，通俗易懂 (2) 组织培训对象把所学到的理论知识与自己的工作实际结合起来进行交流 (3) 交流气氛热烈，培训对象积极参与，彼此分享 错、漏一项扣1分
4	培训效果	实现培训目标	2	(1) 培训对象学习兴趣浓厚 (2) 消毒理论知识掌握情况良好 错、漏一项扣1分
	合计		10	

【题目11】演示"配制1∶100的84消毒液6 L"的操作培训过程

1. 考核要求

（1）操作过程清楚、规范。

（2）遵循培训的原则。

（3）培训方法得当。

（4）培训效果好。

2. 准备工作

初级、中级保育员共6人，准备医用针管或量杯、塑胶手套、塑料棒、盆或塑料桶。

3. 考核时限

基本时间为20 min，每超过2 min从本题总分中扣除10%，超过基本时间10 min本题计0分。

4. 评分项目及标准

序号	评分内容	考核要点	配分	评分标准
1	培训内容	操作过程清楚、规范	2	(1) 根据消毒液所需比例，准确计算出所需原料和水的量 (2) 操作步骤正确 错、漏一项扣1分

续表

序号	评分内容	考核要点	配分	评分标准
2	培训原则	贯彻培训原则	3	（1）在培训过程中，能够做到理论联系实际，让培训对象融会贯通、全面理解 （2）尊重培训对象，保持平等的交流关系 （3）讲解中穿插问题和讨论，鼓励培训对象讨论、交流互动，以达到统一认识、自我提高的目的 错、漏一项扣1分
3	培训方法	恰当合理	3	（1）示范过程规范、清晰流畅 （2）对培训对象的操作过程指导细致耐心 （3）操作后组织培训对象交流感想和体会，共享学习经验 错、漏一项扣1分
4	培训效果	实现培训目标	2	（1）培训对象学习兴趣浓厚 （2）配制消毒液操作技能掌握情况良好 错、漏一项扣0.5分
	合计		10	

参 考 答 案

一、简答题

1．简述幼儿园日常消毒的内容。

（1）食具、水杯、毛巾、餐巾的消毒：煮沸15～30 min，或者蒸汽熏蒸10～15 min，或者消毒剂溶液浸泡10～15 min。

（2）餐桌的消毒：每次用餐前，用消毒剂溶液滞留擦拭。

（3）门把手、水龙头的消毒：用消毒剂溶液滞留擦拭，每天消毒一次。

（4）厕所、坐便器的消毒：用消毒剂溶液刷洗、浸泡，每天最少消毒一次。

（5）玩具的消毒：用含氯消毒剂溶液表面擦拭、浸泡，再晾晒。

（6）图书的消毒：阳光下暴晒4～6 h。

2. 简述幼儿意外伤害轻重的判断依据。

（1）依据发生意外的原因判断。有些意外事故发生后，必须在现场争分夺秒地进行正确而有效的急救，以防止可以避免的死亡，如溺水、触电、外伤大出血、中毒、车祸等；有些事故十分严重，若迟迟不做处理或处理不当，也可造成死亡或终身残疾，如烫伤、烧伤、骨折等事故发生后，也要实施急救。

（2）依据伤者的情况判断

1）呼吸的变化。当垂危患儿的呼吸由正常节律变得不规则，时快时慢，时深时浅，出气不均匀，呼吸十分困难的时候，应立即做人工呼吸。

2）脉搏的变化。当垂危患儿的脉搏由节律规则地跳动变得细而慢或节律不齐，说明心脏功能和血液循环出现了严重障碍，一旦心跳停止，应立即做胸外心脏按摩。

3）瞳孔的变化。瞳孔直径一般为 3 mm，遇到光线后能迅速收缩。垂危患儿眼睛无神，瞳孔已不能随光线的增强而迅速缩小。最后瞳孔会逐渐散大，对光线完全失去反应能力。

3. 简述全日观察的内容。

（1）精神：如果孩子不如平时活泼，容易发脾气、黏人、表情痛苦，说明孩子可能生病了。

（2）面色：如果孩子面色比平时苍白或发红、发热，说明可能生病了。

（3）食欲：幼儿食欲并不是恒定的，会出现波动，但突然失去食欲而且恶心、呕吐等是生病的表现。

（4）大小便：大小便次数增多，小便颜色加深说明孩子可能生病了。

（5）睡眠：平时入睡快，睡得安稳，现在入睡困难、睡眠不安、烦躁、哭闹等为生病的表现。

（6）体温：体温达到 37.5 ℃以上，说明孩子的身体异常。

4. 简述对肥胖儿进餐的照顾方法。

（1）限制进食量。进餐时应在满足基本营养及生长发育需要的前提下，适当限制肥胖儿的食量。当肥胖儿要求添饭时，应给予体积大、热量少的食物，多给蔬菜，尽量少添加主食。

（2）控制进食速度。在进餐过程中，保育员应提醒肥胖儿放慢咀嚼和吞咽的速度，要求他们细嚼慢咽。

（3）家园相互配合。保育员应与家长配合，使肥胖儿在园内和家庭都能按照科学的原则调整膳食；鼓励并使家长树立对肥胖儿减肥的信心，相互配合，持之以恒。

5. 简述创设良好幼儿教育活动环境应遵循的工作程序。

（1）认真研究教育计划，根据计划要求和幼儿实际情况准备教育活动环境。

（2）与教师、家长、幼儿共同积累和选择合适的材料制作玩具、教具。

（3）与教师和幼儿共同布置教育活动环境。

（4）注意创设自由、宽松、和谐、安全的精神环境。

6. 针对幼儿在游戏和教学中经常出现的一些问题，保育员应如何解决？

（1）树立正确的教育观，注意观察和认真了解幼儿活动及行为，正确分析问题及其原因。

（2）采取正确的方式与幼儿进行交往，充分利用解决问题的时机对其进行教育。

（3）重视幼儿个体差异，解决问题的方式应因人而异。

（4）相信幼儿的能力，给他们留有依靠自己的力量解决问题的机会。

（5）改进活动内容和方式方法，使之更加符合幼儿的特点和兴趣，尽量减少问题的出现。

二、案例分析题

1. 请对案例中保育员李老师的清洁消毒方法进行分析，指出其错误之处并说明正确做法。

小三班华华小朋友腹泻，经保健医生诊断为细菌性痢疾引起。保育员李老师连忙进行一系列清洁消毒操作：用0.5%过氧乙酸对室内地面和1.5 m以下墙壁喷雾消毒20 min；用3%煤酚皂溶液（来苏水）浸泡患儿用过的便盆10 min。

（1）工作失误

1）过氧乙酸消毒：消毒液浓度、消毒时间、墙壁消毒高度不正确。

2）来苏水消毒：消毒液浓度、消毒时间不正确。

（2）正确做法

1）过氧乙酸浓度应为 0.2%～0.4%，消毒时间应是 30 min，墙壁消毒高度大于或等于 2 m。

2）来苏水浓度应为 5%，浸泡时间应是 30～60 min。

2. 请指出保育员的工作失误，并运用相关知识、结合自身的实践谈谈幼儿头部摔伤的处理方法。

小二班刘云小朋友在户外玩滑梯时摔倒了，不停地啼哭。保育员张老师过来看了看，见刘某枕部微肿但无出血，就轻轻地给他揉了揉，说："没关系的，你要勇敢些，不要哭。"餐后，刘云出现了呕吐症状，张老师问："是肚子不舒服吗？喝点水，嗽嗽口就好了。"随后清扫了呕吐物。

（1）工作失误

1）不重视头部摔伤，没有按照正确程序进行观察。

2）把呕吐简单地当作消化道疾病的症状处理。

（2）幼儿头部摔伤的处理

1）如果头部摔伤出血，应用消毒纱布采用正确的方法包扎，压迫止血。同时去医院检查，查看颅内是否出现异常，并对伤口进行医学处理。

2）幼儿伤口处理完回园或回家后，应进行 24 h 的密切观察。

3）观察中如有下列症状，应急送医院救治：恶心、呕吐、剧烈头痛、眼耳鼻出血、抽搐、麻痹、语言障碍、意识丧失等。

3. 请指出保育员的工作正误，并说明小儿惊厥的正确处理方法。

小一班杨云小朋友体温 39.6 ℃，突然出现眼球凝视、双手握拳、唇青紫、意识丧失症状，保育员王老师估计可能是高热抽搐，于是马上把杨云平放在床上，然后用手指按压其人中沟下三分之一的穴位，并用力撬开其紧闭的牙关，把毛巾塞进口腔内，随后即送医诊治。

（1）工作正误判断

1）判断正确，即幼儿患高热抽搐。

2）处理错误：平卧，按压位置，用力撬牙关。

（2）小儿惊厥的正确处理

1）让患儿侧卧，以便及时排出分泌物，防止异物进入气管；随时擦去幼儿口腔鼻腔分泌物。

2）松开患儿衣领、裤带，保证血液循环的畅通。

3）轻按患儿抽动的上下肢，避免患儿从床上摔下。

4）用勺子或把毛巾等物扭成麻花状放于患儿上下牙之间，以防咬伤舌头。

5）用针刺或者重压人中沟上三分之一处。

6）在急救的同时做好去医院的准备工作。

4. 观看案例演示片 3 遍，指出保育员在做个别幼儿教育工作中出现的工作失误（至少 4 处），并说明正确做法。

（1）工作失误 1：保育员的仪态不妥——跷着二郎腿跟幼儿说话。

正确做法：保育员要注重自己的仪态，为人师表，为幼儿做好示范。

（2）工作失误 2：有幼儿脱衣服时需要帮助，保育员忽略了该幼儿的需求，只是一味地要求幼儿自己完成。

正确做法：幼儿出现困难时，保育员要及时关注，给予适当的帮助。

（3）工作失误 3：简单训斥幼儿，态度粗暴，不仅没解决问题，还伤害了幼儿。

正确做法：幼儿出现行为问题或争执时，保育员要了解原因并及时进行针对性教育，不能凭借主观臆断简单粗暴地解决问题。

（4）工作失误 4：教育方法不当，溺爱而且轻易许诺。

正确做法：鼓励，不轻易许诺。

（5）工作失误 5：幼儿争抢玩具时，保育员没有调查了解情况，而是不问青红皂白，各打五十大板，并且剥夺了幼儿玩游戏的权利。

正确做法：对于幼儿出现的各种问题，保育员要认真分析原因，根据幼儿行为采取不同的教育措施，不能随意剥夺幼儿玩游戏的权利。

5. 请分析并指出保育员丁老师的做法错在哪里，正确的做法是什么。

兰兰生性胆怯，什么事都不主动去做，没做过的事坚决不肯尝试，如果执意让她做，她一定会大哭不止。有一天，幼儿园组织幼儿走平衡木，保育员丁老师准备扶着兰兰走过去，可是，兰兰抱着丁老师不撒手，说什么也不肯迈步。丁老师耐心地说："你看看人家小朋友都那么勇敢，怎么就你不行呢？都是让你爸妈给惯的。今天一定要让你自己走一个试试，让你锻炼锻炼胆量，要不然你将来长大了什么也做不了。"说着掰开兰兰的手，把她一个人放在了平衡木上。

（1）错误做法

1）丁老师尽管主观意愿是好的，也能耐心劝导，但是做法过于武断。

2）兰兰一贯胆怯，只靠这一次锻炼是不能改变的，特别是需要胆量和技巧的走平衡木项目，选择让兰兰锻炼的时机不适宜。

3）兰兰抱着丁老师不撒手，说明其心里非常恐惧，丁老师缺乏必要的安抚。

4）丁老师的语言是斥责、埋怨的，带有强制性。

5）掰开兰兰的手更让其失去依靠，加重兰兰的恐惧。

6）丁老师缺乏对幼儿心理的了解，缺乏专业知识。

（2）正确做法

1）正确对待幼儿胆怯的现象，耐心安抚引导，对幼儿进行适当的言语鼓励。

2）进行必要的辅助与保护，给予幼儿安全感，循序渐进地支持其完成探索。

3）主动与家长沟通，了解幼儿胆怯的内在原因，在日常生活与教学中加强针对性引导，形成合力教育。

6. 请指出保育员梁老师的工作失误，并说明保育员应如何配合主题活动协助教师制作玩具、教具。

六一儿童节前夕，为了展示幼儿的作品，幼儿园组织幼儿进行一次综合性的美术活动。延续以往的剪纸、绘画、粘贴和泥工四个组，并增加了一个新的小组——拓印，梁老师提出要求后就让孩子们自由选择。孩子们看到有新的材料，都想尝试一下，于是纷纷争抢，互不相让，梁老师一时竟不知所措，只好一边着急地帮孩子将桌椅分成五组，一边抓拉孩子就近找个地方坐下赶紧进行操作，教室里一片混乱。活动过程中，孩子们频频过来找梁老师，说自己不会做，梁老师马上接过来帮助制作。

（1）工作失误

1）未与教师提前进行沟通，对自己的职责不明确。

2）没有提前将桌椅分组码放，造成现场混乱。

3）既然孩子喜欢新材料，就应适当调整增加数量，以满足孩子的需求。

4）在孩子们争抢时，忽略了随机教育。

5）没有尊重孩子们的活动意愿，而是简单地就近分组，使幼儿被动地接受安排。

6）当有孩子遇到问题时，没有给予指导，而是一味代劳，剥夺了孩子的学习权利。

（2）配合主题活动协助教师制作玩具、教具的做法

1）提前了解教育活动的具体内容要求，熟悉教师的组织程序。

2）主动询问教师需要帮助制作的玩具、教具的内容、数量、要求，并提供协助。

3）主动询问桌椅摆放的具体要求，并协助摆放、及时调整。

4）课前主动了解需要哪些教具、学具、玩具，需要的时间、分发要求。

5）检查玩具、教具是否完好无损，数量是否足够。

6）根据教学要求，协助教师准确有序地分发教学活动用品。

7. 观看案例演示片3遍，指出保育员在户外活动准备环节中出现的工作失误（至少4处），说明正确做法，并对其中两点进行理论分析。

（1）工作失误

1）工作失误1：在户外活动前没有提示幼儿小便。

正确做法：在户外活动前提示幼儿小便，做好户外活动前准备。

2）工作失误2：幼儿衣服没有整理好就进行户外活动。

正确做法：提示并帮助幼儿检查衣物，保证幼儿衣服适合活动需要。

3）工作失误3：没有开窗，保育员就跟随幼儿离开班级，造成教室内很凌乱。

正确做法：户外活动前打开室内窗户，整理好班级环境再离开。

4）工作失误4：让幼儿单独拿较重的户外玩具袋。

正确做法：不能让幼儿单独拿较重的户外玩具袋。

5）工作失误5：有幼儿奔跑下楼，没有安全提示。

正确做法：下楼前要对幼儿进行安全提示，做好安全教育工作。

6）工作失误6：跳绳乱成一堆，码放无序，其中还有损坏的玩具，保育员没有提前检查。

正确做法：保育员要配合教师共同检查玩具，保证玩具的数量、种类，杜绝安全隐患。

（2）工作失误分析（任选2个）

1）幼儿不能提重物的理由：幼儿腕骨未骨化完成，手劲小，不能提重物。

2）开窗通风可以增加室内空气中氧气的含量，有利于幼儿生长发育；可以减少病菌的浓度，预防疾病。

3）安全提示的理论依据：幼儿运动机能不完善，缺乏危险意识，好奇好动，自控力差。服装上的带子、挂饰等会造成危险。

8. 观看案例演示片3遍，指出保育员在做个别幼儿教育工作中出现的工作失误（至少4处），并说明正确做法。

（1）工作失误1：有幼儿没有正常活动，无所事事，互相干扰，保育员视而不见，并无视某幼儿的求助。

正确做法：科学合理安排幼儿的生活和活动，避免时间的隐性浪费和消极等待。

（2）工作失误2：简单粗暴地训斥幼儿，而且剥夺幼儿继续活动的权力。

正确做法：面对幼儿的行为问题，要及时开展随机教育，但不能剥夺幼儿活动的权力。

（3）工作失误3：没有关注幼儿行为的真正意义，只满足于不出现事故。

正确做法：关注幼儿行为的意义，及时给予支持和引导。

（4）工作失误4：幼儿之间互相影响，保育员不管不问。

正确做法：幼儿之间互相影响，保育员应适时介入，提示和帮助幼儿了解自己行为的问题，调整自己的行为。

（5）工作失误5：保育员过分依赖教师，推诿、逃避，对自己的职责认识不到位，没有真正做到保教结合。

正确做法：明确职责，做到保教结合，对班级工作和幼儿负责。

三、实操题

答案见题目的"评分项目及标准"。

第三部分 模拟试卷

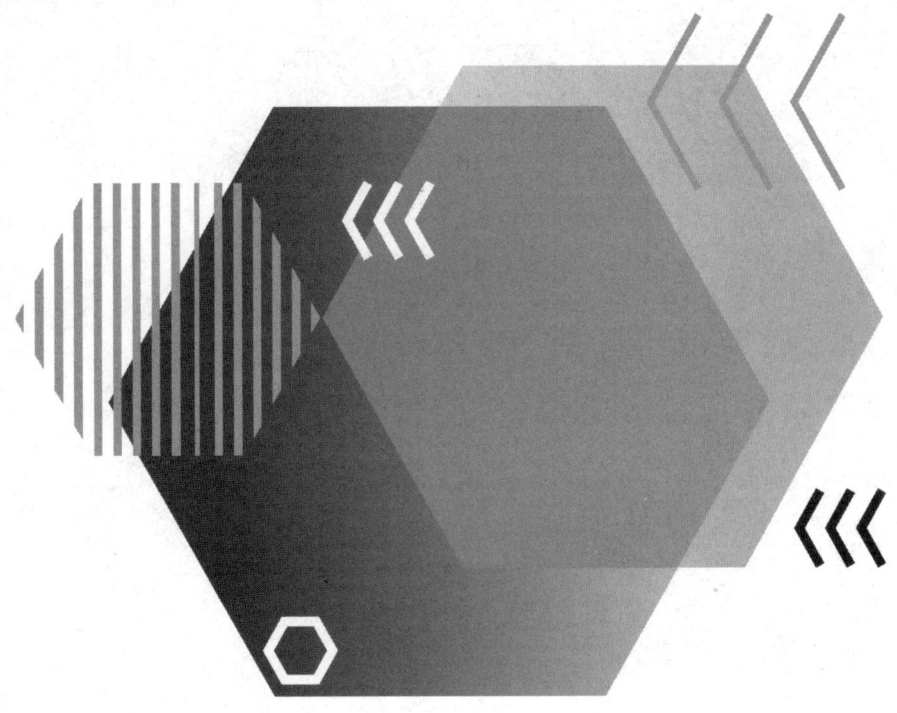

理论知识考核模拟试卷

一、单项选择题（第1～60题。每题1分，共60分。请选择一个正确答案，将相应字母填涂在试卷所附的答题卡上，在卷面上答题均为无效。）

1. 职业是（　　），并以此为生的，具有特定职责的专门性活动。
   A. 人们所从事的　　　　　　B. 人们在社会中所从事的
   C. 劳动者所从事的　　　　　D. 人们在劳动场所所从事的

2. （　　）是指人们在从事某种职业、履行其职责的过程中，在思想和行为上所必须遵循的行为准则和道德规范的总和。
   A. 职业　　　　　　　　　　B. 职业道德
   C. 道德　　　　　　　　　　D. 保育员职业道德

3. 幼儿园教育是（　　）的重要组成部分，爱岗敬业是保育员职业道德的具体体现。
   A. 小学教育　　B. 学校教育　　C. 基础教育　　D. 社会教育

4. 保育员要认真并善于听取家长的意见和建议，（　　），更好地配合幼儿园开展工作。
   A. 使学前儿童全方位地接受正面教育
   B. 使其能积极参与到教育孩子的过程中
   C. 有礼貌地对待家长
   D. 做好本职工作

5. 婴幼儿容易感冒的原因是（　　）。
   A. 婴幼儿皮肤毛细血管网稀疏，皮肤表面积相对较大，神经系统对体温的调节不稳定

B. 婴幼儿皮肤毛细血管网稀疏，皮肤表面积相对较小，神经系统对体温的调节不稳定

C. 婴幼儿皮肤毛细血管网密，皮肤表面积相对较小，神经系统对体温的调节不稳定

D. 婴幼儿皮肤毛细血管网密，皮肤表面积相对较大，神经系统对体温的调节不稳定

6. 关于对待幼儿习惯性阴部摩擦，下列做法错误的是（　　）。

　　A. 转移幼儿注意力　　　　　　B. 让幼儿活动起来

　　C. 让幼儿困倦时再上床睡觉　　D. 大声批评幼儿

7. （　　）儿童的说谎为无意说谎。

　　A. 3～4岁　　B. 6～7岁　　C. 8～9岁　　D. 10岁后

8. 婴幼儿要想摄取钙应尽量多地（　　）。

　　A. 吃蔬菜　　B. 晒太阳　　C. 吃面食　　D. 吃炸食

9. （　　）中维生素C含量较少。

　　A. 泡辣椒　　B. 辣椒　　C. 山楂干　　D. 山楂果酱

10. （　　）是指事先没有预定目的，也不需要意志努力的注意。

　　A. 长时注意　　　　　　　　B. 有意注意

　　C. 无意注意　　　　　　　　D. 瞬时注意

11. 下列属于幼儿容易"将想象与现实相混淆"的表现的是（　　）。

　　A. 跟妈妈说暑假想去外地游玩

　　B. 把希望发生的事情当成已经发生的事情来描述

　　C. 跟老师说长大以后想成为一名军人

　　D. 妈妈跟幼儿提起天安门，幼儿头脑中就会浮现出天安门的形象

12. 幼儿口语表达能力的发展趋势是（　　）。

　　A. 先有对话言语和独白言语，后有情景言语和连贯言语

　　B. 先有对话言语和连贯言语，后有情景言语和独白言语

　　C. 先有对话言语和情景言语，后有独白言语和连贯言语

　　D. 先有情景言语和独白言语，后有对话言语和连贯言语

13. 关于幼儿性格的形成和发展，下列说法正确的是（　　）。

  A. 儿童的性格尚未表现出明显的个别差异

  B. 幼儿性格差异日益明显

  C. 学龄晚期开始形成，且习惯已经基本形成

  D. 学龄晚期阶段，性格的改造比较困难

14. （　　）的发展是幼儿道德发展的核心问题。

  A. 同情心　　　　　　　　B. 想象力

  C. 帮助行为　　　　　　　D. 亲社会行为

15. 关于幼儿教育的意义，下列描述不正确的是（　　）。

  A. 促进社会福利的发展　　　B. 促进社会文化的发展

  C. 促进幼儿体智德美的发展　D. 促进幼儿计算能力的发展

16. 《幼儿园教育指导纲要（试行）》把幼儿园教育划分为（　　）。

  A. 健康、社会、科学、语言、艺术五个领域

  B. 体育、智育、德育、美育四个部分

  C. 生理、心理、社会性等部分

  D. 共同生活、共同探索、表现与表达等部分

17. 幼儿园应制定合理的幼儿一日生活作息制度。两餐间隔时间不得少于3.5 h。幼儿户外活动的时间在正常情况下，每天不得少于（　　）h，寄宿制幼儿园不得少于3 h，高寒、高温地区可酌情增减。

  A. 1　　　　B. 1.5　　　　C. 2　　　　D. 5

18. 消毒的目的是（　　）。

  A. 杀灭病原体　　　　　　B. 清洁卫生

  C. 接受检查　　　　　　　D. 让人放心

19. 清洁桶的清洗方法是（　　）。

  A. 用清水清洗　　　　　　B. 用清水和清洁剂清洗

  C. 用湿抹布擦拭　　　　　D. 用开水清洗

20. 可导致婴幼儿突然高烧的疾病是（　　）。

  A. 哮喘　　　　B. 感冒　　　　C. 佝偻病　　　　D. 便秘

21. 正常婴幼儿腋下温度是（　　）℃。
    A. 36~37.4
    B. 35~36.9
    C. 36~37.2
    D. 36~37

22. 预防接种证制度指出：（　　）应该及时向医疗保健部门申请办理预防接种证。
    A. 社会
    B. 家长或监护人
    C. 医生
    D. 儿童

23. 关于鼻腔异物处理方法，下列错误的是（　　）。
    A. 擤
    B. 不能夹取
    C. 用镊子夹取
    D. 不能捅

24. 以下物品中幼儿不能玩的有（　　）。
    A. 球
    B. 橡皮泥
    C. 纸飞机
    D. 小刀

25. 幼儿惊厥的处理方法是（　　）。
    A. 让患儿侧卧，松开衣领、裤带
    B. 用针刺或重压人中穴
    C. 将毛巾放于上下牙之间，随时清除痰涕
    D. 轻按抽动的上下肢

26. 为了让幼儿按时睡眠，成人应该在幼儿睡眠前（　　）。
    A. 播放动画片
    B. 在活动形式、环境、说话语气等方面使幼儿感受到睡眠的气氛
    C. 进行家庭聚会
    D. 吓唬幼儿使之入睡

27. 幼儿睡眠中出现（　　）现象，需引起保育员的重视。
    A. 玩枕头
    B. 自言自语
    C. 东张西望
    D. 遗尿

28. 为防止异物入体，保育员应该（　　）。
    A. 允许幼儿将小物件带到床上
    B. 幼儿上床后检查其床铺
    C. 允许幼儿交换小玩具
    D. 提前检查幼儿床铺和衣兜

29. 如果幼儿在睡眠中出现惊醒，两眼瞪直，惊慌失措或哭喊出声，表情恐

惧、害怕、惊慌、焦虑的情况，此时难以唤醒，持续数分钟后平静入睡，幼儿可能患有（　　）。

  A. 夜惊　　　　B. 梦游　　　　C. 梦魇　　　　D. 癫痫

30. 幼儿园教育工作计划是指（　　）为实现教育的目的，根据幼儿的实际发展水平和需要，对学前儿童进行教育活动的规划和安排。

  A. 保教人员　　B. 家长　　　　C. 教育者　　　D. 社会

31. 幼儿园的教育计划按范围分可分为：全园教育计划、整个年龄班教育计划、本班教育计划、小组教育计划、（　　）等。

  A. 个人教育计划　　　　　　　B. 周教育计划

  C. 学年教育计划　　　　　　　D. 学期教育计划

32. 《幼儿园教育指导纲要（试行）》中提出的健康领域的目标不包括（　　）。

  A. 身体健康，在集体生活中情绪安定、愉快

  B. 生活卫生习惯良好，有基本的生活自理能力

  C. 有良好的社会交际能力

  D. 知道必要的安全保健常识，学习保护自己

33. 应充分发挥社区、（　　）和幼儿园的协同作用，搞好健康教育。

  A. 家庭　　　　B. 人文环境　　C. 自然环境　　D. 学校

34. 培养幼儿对体育活动的（　　）是幼儿园体育的重要目标，要根据幼儿的特点组织生动有趣、形式多样的体育活动，吸引幼儿主动参与。

  A. 主动参与　　B. 兴趣　　　　C. 参与　　　　D. 发展

35. 在（　　）和其他领域的教育活动中应努力渗透语言教育。

  A. 一日生活的各个环节　　　　B. 专门的语言教育活动

  C. 家庭　　　　　　　　　　　D. 体育活动

36. 父母（　　）对孩子习得良好的社会性行为有很大作用。

  A. 树立良好的榜样　　　　　　B. 说教

  C. 职业　　　　　　　　　　　D. 经济收入

37. （　　）的概念至少应包括对待科学的态度和价值观、科学探索的过程和方法、科学知识三个基本要素。

A. 科学　　　　B. 科学技术　　　C. 科学教育　　　D. 科学精神

38.《幼儿园教育指导纲要（试行）》中科学领域的目标之一是（　　）。

　　A. 能运用各种感官，动手动脑，探究问题

　　B. 能够学习科技文化知识

　　C. 能对每个观点提出问题

　　D. 引导幼儿对身边常见事物和现象产生兴趣

39.《幼儿园教育指导纲要（试行）》中科学领域的内容与要求之一是（　　）。

　　A. 为幼儿创造探研科学的条件

　　B. 帮助幼儿学习科技知识

　　C. 教导幼儿对每个观点提出问题

　　D. 引导幼儿对身边常见事物和现象的特点、变化规律产生兴趣和探究的欲望

40. 给幼儿传授的科学知识应该是（　　）。

　　A. 正确的学科知识

　　B. 粗浅的、幼儿周围生活中能接触到的

　　C. 丰富的

　　D. 富有教育性的

41. 对幼儿开展的科学教育要尽量创造条件，让幼儿实际参加探究活动，使他们感受科学（　　）和方法，体验发现的乐趣。

　　A. 探究欲望　　　　　　　　B. 探索态度

　　C. 探究过程　　　　　　　　D. 发现过程

42. 引导幼儿对周围环境中的数、量、形、时间和空间等现象（　　），建构初步的数学概念，并学习用简单的数学方法解决生活中某些简单的问题。

　　A. 进行探索　　　　　　　　B. 产生兴趣

　　C. 科学探索　　　　　　　　D. 科学探究

43. 保育员要支持学前儿童在积塑区进行自由的探索，这不仅能够促进儿童动手能力和创造能力，也能促进其（　　）能力的发展。

　　A. 数学　　　　B. 交谈　　　　C. 阅读　　　　D. 游戏

44. 源于生活、（　　）是艺术的主要特征。

　　A. 反映生活　　　　　　　　B. 改造生活

　　C. 高于生活　　　　　　　　D. 忠实于生活

45. 幼儿艺术领域的教育目标之一是让幼儿喜欢参加艺术活动，并能大胆地表现自己的（　　）和体验。

　　A. 情感　　　B. 情绪　　　C. 心理　　　D. 审美

46. 保育员在观察幼儿游戏时，不仅要观察全班幼儿，而且要观察（　　）。

　　A. 个别小组　B. 所有教师　C. 特殊幼儿　D. 个别幼儿

47. 以下不属于家园合作中个别参与的方法的是（　　）。

　　A. 电子邮件　　　　　　　　B. 飞信

　　C. 个别谈话　　　　　　　　D. 家长开放日

48. 现阶段，幼儿园与家庭合作的集体参与方法多种多样，如专题座谈、家长会和（　　）等。

　　A. 微信　　　B. 个别谈话　C. 飞信　　　D. 家长园地

49. 家长园地是以文字的形式定期地对家长进行指导的一种形式，内容多种多样，如宣传栏、（　　）、展览台等。

　　A. 沙龙　　　B. 家长会　　C. 黑板报　　D. 联系册

50. 在指导家庭教育时，要注意科学性，符合幼儿身心发展的基本规律和（　　）的客观规律，做到理论联系实际，注重实效。

　　A. 幼儿专长发展　　　　　　B. 幼儿综合发展

　　C. 幼儿教育发展　　　　　　D. 幼儿个性发展

51. 幼儿园要根据幼儿与家长的不同特点，开展分类型和（　　）的指导，注意灵活性。

　　A. 分年龄　　B. 分个性　　C. 分家庭　　D. 分层次

52. 幼儿园要使家长意识到家庭教育需要与国家的教育方针和幼儿园教育法规的精神相一致，这体现了家庭教育指导需要遵循（　　）原则。

　　A. 方向性　　B. 社会性　　C. 了解性　　D. 科学性

53. 广义的幼儿园环境是指幼儿园教育赖以进行的（　　）要素的总和。

A. 物质和精神 B. 自然与社会

C. 家庭与幼儿园 D. 各种条件

54. 保教人员在创设幼儿园环境时应遵循的基本要求是环境创设的（　　）。

   A. 规范 B. 原则 C. 示范 D. 标准

55. 几个幼儿正在玩"开商店"的游戏。"店员"要求"买家"用代币买东西，东西的价格标签上大多写着"1元""5元""10元"等。幼儿一开始很感兴趣，但过一会儿就觉得不好玩了。这时，保育员走过来，把价格标签上改写成"6元""15元""17元"，这使得"买家"都紧张起来，想了好一会儿，才拿出不同的代币组合起来买东西。在这一过程中，保育员的作用是（　　）。

   A. 控制环境 B. 设计环境

   C. 准备环境 D. 调整环境

56. 理论知识培训的互动原则是指在培训过程中提倡（　　）。

   A. 循序渐进 B. 理论联系实际

   C. 师生、生生互动 D. 操作练习

57. 高级保育员应能指导初级、中级保育员写出（　　）和撰写专业文章。

   A. 管理周计划 B. 保育工作计划、总结

   C. 教学周计划 D. 教学月计划

58. 在指导操作时，高级保育员应讲清（　　）、工作职责和工作要求。

   A. 教师工作的内容 B. 幼儿家长的工作内容

   C. 保育员工作的内容 D. 园长工作的内容

59. 幼儿腹痛，大便呈脓血样，便后有下坠感并伴有发热。根据这一描述推断幼儿可能患了（　　）。

   A. 中毒型细菌性痢疾 B. 普通型细菌性痢疾

   C. 急性肠炎 D. 疟疾

60. 下列不属于保育员操作指导原则的是（　　）。

   A. 平等原则 B. 理论联系实际原则

   C. 系统原则 D. 互学原则

二、多项选择题（第 61～70 题，每题 2 分，共 20 分。请选择两个或以上正确答案，将相应字母填涂在试卷所附的答题卡上，在卷面上答题均为无效。）

61. 关于夏季三餐散热保洁的原则，下列说法正确的有（   ）。

    A. 缩短运送饭菜的时间　　　　　B. 给盛饭菜的容器加盖一个网罩

    C. 将饭菜放在窗台上　　　　　　D. 将饭菜端至电风扇附近

    E. 将饭菜放在室外开盖降温

62. 对甲肝患儿的粪便及容器应该采用（   ）的方法消毒。

    A. 擦拭　　　　　　　　　　　　B. 与漂白粉搅拌混合

    C. 蒸煮　　　　　　　　　　　　D. 消毒液浸泡

    E. 空气熏蒸

63. 室内空气消毒应注意（   ）。

    A. 消毒过程中幼儿不得进入　　　B. 开窗进行

    C. 门窗关闭严密　　　　　　　　D. 消毒过程中幼儿可进入

    E. 保持一定时间

64. 幼儿发生（   ）时会出现病理性的哭喊。

    A. 饥饿　　　　　　　　　　　　B. 肠套叠

    C. 颅内感染　　　　　　　　　　D. 天气过热

    E. 便秘

65. 应纠正患缺铁性贫血的体弱儿（   ）的不良习惯。

    A. 广泛摄食　　　　　　　　　　B. 按时进餐

    C. 爱喝甜饮料　　　　　　　　　D. 只吃糕点

    E. 不吃动物性食物

66. （   ）是幼儿应该养成的良好的盥洗习惯。

    A. 饭前、便后洗手

    B. 外出游戏归来洗手

    C. 外出游戏归来只要手不脏，就可以不洗手

D. 便前洗手

E. 手脏了就洗

67. 幼儿便秘会导致（　　）。

　　A. 大便干燥坚硬　　　　　B. 肛裂

　　C. 排便困难　　　　　　　D. 粪便有脓血

　　E. 大便次数增多

68. 幼儿园开展社会教育主要是指对幼儿进行（　　）等方面的教育。

　　A. 社会环境　　　　　　　B. 社会活动

　　C. 社会规范　　　　　　　D. 社会文化

　　E. 社会意志

69. 幼儿园要对家庭教育进行指导，就必须了解幼儿家长及家庭的情况，以便有针对性地进行联系和工作，一般利用（　　）、问卷等形式进行。

　　A. 谈话　　　　　　　　　B. 家访

　　C. 问卷调查　　　　　　　D. 实验

　　E. 随机

70. 在幼儿园班级中，保育员的环境准备主要是指（　　）。

　　A. 购买大型玩具　　　　　B. 良好的精神环境

　　C. 选择较清静的场所　　　D. 合格的物质条件

　　E. 专业的教师团队

三、判断题（第 71~90 题，每题 1 分，共 20 分。请将判断结果填涂在试卷所附的答题卡上，在卷面上答题均为无效。）

71.（　　）保育员职业道德的基本要求是像妈妈一样关爱幼儿。

72.（　　）六龄齿是第一恒磨牙。

73.（　　）培养幼儿养成定时排便习惯利用的原理是"胃结肠反射"。

74.（　　）幼儿的手指甲应该剪成平的，脚指甲应该剪成圆形的。

75.（　　）保育员应具备学前心理学、学前教育学等知识。

76.（　　）做好新生入园的重点是尽快帮助孩子在新环境建立起安全感。

77.（   ）幼儿上课随便说话、玩东西、搞小动作是其缺乏独立意识和独立生活能力的表现。

78.（   ）父母或者其他监护人应当尊重未成年人接受教育的权利，必须使适龄未成年人按照规定接受义务教育，不得使在校接受义务教育的未成年人辍学。

79.（   ）班级发现消化道传染病例后，应开窗通风进行消毒。

80.（   ）班级发现流感患儿后，患儿所在班应该彻底通风换气。

81.（   ）幼儿粪便过干、排便困难属正常情况。

82.（   ）幼儿不应从楼房的窗户向下探看。

83.（   ）进餐时吧唧嘴属于个人习惯，不能算不文明行为。

84.（   ）瑞士心理学家皮亚杰从儿童认知的角度出发，把游戏分成练习游戏、象征游戏和规则游戏。

85.（   ）家长需要意识到只有对孩子进行特长教育，才能更有利于孩子未来的竞争和生存。

86.（   ）保教人员应该视家长的经济情况不同而差异性地对待家长，这样才能更有针地性，也更尊重家长。

87.（   ）影响幼儿园环境的主要因素是物质因素，物质因素对幼儿园环境质量具有决定性的影响。

88.（   ）从一般年龄特征来看，小班和中班幼儿在身心发展特点上的差异不算明显，所以需要的环境也大致相同。

89.（   ）若幼儿园经济条件差，则创设环境时必须考虑经济性原则。

90.（   ）高级保育员在培训过程中，应明确幼儿主动性和积极性的产生主要是由其性格特点决定的。

理论知识考核模拟试卷参考答案

一、单项选择题

1. B   2. B   3. C   4. B   5. D   6. D   7. A   8. B   9. D   10. C
11. B   12. C   13. B   14. D   15. D   16. A   17. C   18. A   19. B   20. B
21. A   22. B   23. C   24. D   25. B   26. B   27. D   28. D   29. A   30. C
31. A   32. C   33. A   34. B   35. A   36. A   37. A   38. A   39. D   40. B
41. C   42. B   43. A   44. C   45. A   46. D   47. A   48. D   49. C   50. C
51. D   52. A   53. D   54. B   55. D   56. C   57. B   58. C   59. B   60. C

二、多项选择题

61. BD   62. BD   63. ACE   64. BC   65. CDE
66. ABE   67. ABC   68. ABC   69. ABC   70. BD

三、判断题

71. ×   72. √   73. √   74. ×   75. ×   76. √   77. ×   78. √   79. ×   80. √
81. ×   82. √   83. ×   84. √   85. ×   86. ×   87. ×   88. ×   89. ×   90. ×

操作技能考核模拟试卷

注 意 事 项

1. 本职业操作技能试卷为笔答。

2. 请首先按要求在试卷的标封处填写您的姓名、准考证号和所在单位的名称。

3. 请仔细阅读各种题目的回答要求，在规定的位置填写您的答案。

4. 考试时间：90 min，不要在试卷上乱写乱画，不要在标封区填写无关的内容。

	一	二	总分	评分人
得分				

得分	
评分人	

一、简答题（每题10分，共40分）

1. 简述幼儿园日常消毒的内容。（10分）

2. 简述幼儿意外伤害轻重的判断依据。(10分)

3. 简述创设良好的幼儿教育活动环境应遵循的工作程序。(10分)

4. 针对幼儿在游戏和教学中经常出现的一些问题,保育员应如何解决?(10分)

得分	
评分人	

二、案例分析题（每题15分，共60分）

1. 观看案例演示片3遍，指出保育员在做个别幼儿教育工作中出现的工作失误（至少4处），并说明正确做法。（15分）

2. 请分析并指出保育员丁老师的做法错在哪里，正确的做法是什么。（15分）

兰兰生性胆怯，什么事都不主动去做，没做过的事坚决不肯尝试，如果执意让她做，她一定会大哭不止。有一天，幼儿园组织幼儿走平衡木，保育员丁老师准备扶着兰兰走过去，可是，兰兰抱着丁老师不撒手，说什么也不肯迈步。丁老师耐心地说："你看看人家小朋友都那么勇敢，怎么就你不行呢？都是你爸妈给惯的。今天一定要让你自己走一个试试，让你锻炼锻炼胆量，要不然你将来长大了

什么也做不了。"说着掰开兰兰的手,把她一个人放在了平衡木上。(15分)

3. 请指出保育员梁老师的工作失误,并说明保育员应如何配合主题活动协助教师制作玩具、教具。(15分)

六一儿童节前夕,为了展示幼儿的作品,幼儿园组织幼儿进行一次综合性的美术活动。延续以往的剪纸、绘画、粘贴和泥工四个组,并增加了一个新的小组——拓印,梁老师提出要求后就让孩子们自由选择。孩子们看到有新的材料,都想尝试一下,于是纷纷争抢,互不相让,梁老师一时竟不知所措,只好一边着急地帮孩子将桌椅分成五组,一边扒拉孩子就近找个地方让他们赶紧坐下进行操作,教室里一片混乱。活动过程中,孩子们频频过来找梁老师,说自己不会做,梁老师马上接过来帮助幼儿制作。

4. 请指出保育员的工作失误，并运用相关知识、结合自身的实践谈谈幼儿头部摔伤的处理方法。（15分）

小二班刘云小朋友在户外玩滑梯时摔倒了，不停地啼哭。保育员张老师过来看了看，见刘某枕部微肿但无出血，就轻轻地给他揉了揉，说："没关系的，勇敢些，不要哭。"餐后，刘云出现了呕吐症状，张老师问："是肚子不舒服吗？喝点水，漱漱口就好了。"随后清扫了呕吐物。

操作技能考核准备通知单（考场）

一、设备准备

序号	名称	规格	单位	数量	备注
1	笔试考场		间	1	能容纳考生
2	课桌		张	同考生数	
3	课椅		把	同考生数	
4	答题纸	A4	页	若干	
5	能播放 AVI 格式录像文件的计算机及投影仪		台	1	保证能集中放映录像
6	能播放 AVI 格式录像文件的计算机教室	统一受控播放，耳机接听			计算机台数同考生数量，中控播放可用服务器通过计算机局域网或使用语音实验室设备
7	工作服		套	同考生数	
8	工作帽		顶	同考生数	
9	干净毛巾		条	同考生数	
10	抹布		块	若干	
11	扫把		把	同考生数	
12	簸箕		个	同考生数	
13	拖布		把	同考生数	
14	干净衣服		件	同考生数	

注：第 5 项和第 6 项具备其一即可，至少保证第 5 项，最好达到第 6 项。

二、其他准备

根据试卷上的案例分析提前准备出 4 段录像文件，并在考试开始后将每段录像连续播放 3 遍，每段录像间停顿 10 min。

操作技能考核准备通知单（考生）

无准备通知单。

操作技能考核评分标准

一、简答题（每题10分，共40分）

1. 简述幼儿园日常消毒的内容。（10分）

（1）食具、水杯、毛巾、餐巾的消毒：煮沸15～30 min，或者蒸汽熏蒸10～15 min，或者消毒剂溶液浸泡10～15 min。（2分）

（2）餐桌的消毒：每次用餐前，用含有过氧乙酸（消毒浓度0.2%）的消毒剂溶液滞留擦拭。（2分）

（3）门把手、水龙头的消毒：用含过氧乙酸（消毒浓度0.2%）的消毒剂溶液滞留擦拭，每天消毒一次。（2分）

（4）厕所、坐便器的消毒：用消毒剂溶液刷洗、浸泡，每天最少消毒一次。（2分）

（5）玩具、图书的消毒：玩具用含氯消毒剂溶液表面擦拭、浸泡，再晾晒；图书经常在阳光下暴晒，一次4～6 h。（2分）

2. 简述婴幼儿意外伤害轻重的判断依据。（10分）

（1）依据发生意外的原因判断。（1分）

有些意外事故发生后，必须在现场争分夺秒地进行正确而有效的急救，以防止可以避免的死亡，如溺水、触电、外伤大出血、中毒、车祸等；有些事故十分严重，若迟迟不做处理或处理不当，也可造成死亡或终身残疾，如烫伤、烧伤、骨折等事故发生后，也要实施急救。（2分）

（2）依据伤者的情况判断。（1分）

1）呼吸的变化。当垂危患儿的呼吸由正常节律变得不规则，时快时慢，时深时浅，出气不均匀，呼吸十分困难的时候，应立即做人工呼吸。（2分）

2）脉搏的变化。当垂危患儿的脉搏由节律规则地跳动变得细而慢或节律不齐，说明心脏功能和血液循环出现了严重障碍，一旦心跳停止，应立即做胸外心脏按摩。（2分）

3）瞳孔的变化。瞳孔直径一般为3 mm，遇到光线后能迅速收缩。垂危患儿眼睛无神，瞳孔已不能随光线的增强而迅速缩小。最后瞳孔会逐渐散大，对光线完全失去反应能力。（2分）

3. 简述创设良好幼儿教育活动环境应遵循的工作程序。（10分）

（1）认真研究教育计划，根据计划要求和幼儿实际情况准备教育活动环境。（2.5分）

（2）与教师、家长、幼儿共同积累和选择合适的材料制作玩具、教具。（2.5分）

（3）与教师和幼儿共同布置教育活动环境。（2.5分）

（4）注意创设自由、宽松、和谐、安全的精神环境。（2.5分）

4. 针对幼儿在游戏和教学中经常出现的一些问题，保育员应如何解决？（10分）

（1）树立正确的教育观，注意观察和认真了解幼儿活动及行为，正确分析问题及其原因。（2分）

（2）采取正确的方式与幼儿交往，充分利用解决问题的时机对其进行教育。（2分）

（3）重视幼儿个体差异，解决问题的方式应因人而异。（2分）

（4）相信幼儿的能力，给他们留有依靠自己的力量解决问题的机会。（2分）

（5）改进活动内容和方式方法，使之更加符合幼儿的特点和兴趣，尽量减少问题的出现。（2分）

二、案例分析题（每题15分，共60分）

1. 观看案例演示片3遍，指出保育员在做个别幼儿教育工作中出现的工作失误（至少4处），并说明正确做法。（15分）

答案及评分标准：

（1）工作失误1：保育员的仪态不妥——跷着二郎腿跟幼儿说话。（1分）

正确做法：保育员要注重自己的仪态，为人师表，为幼儿做好示范。（2分）

（2）工作失误2：有幼儿脱衣服时需要帮助，保育员忽略了该幼儿的需求，只是一味地要求幼儿自己完成。（1分）

正确做法：幼儿出现困难时，保育员应及时关注，给予适当的帮助。（2分）

（3）工作失误3：简单训斥幼儿，态度粗暴，不仅没解决问题，还伤害了幼儿。（1分）

正确做法：幼儿出现行为问题或争执时，保育员要了解原因并及时进行针对性教育，不能凭借主观臆断简单粗暴地解决问题。（2分）

（4）工作失误4：教育方法不当，溺爱而且轻易许诺。（1分）

正确做法：鼓励，不轻易许诺。（2分）

（5）工作失误5：幼儿争抢玩具时，保育员没有调查了解情况，而是不问青红皂白，各打五十大板，并且剥夺了幼儿玩游戏的权利。（1分）

正确做法：对于幼儿出现的各种问题，保育员要认真分析原因，根据幼儿行为采取不同的教育措施，不能随意剥夺幼儿玩游戏的权利。（2分）

2. 请分析并指出保育员丁老师的做法错在哪里，正确的做法是什么。（15分）

答题及评分标准：

（1）丁老师的错误做法

1）尽管丁老师的主观意愿是好的，也能耐心劝导，但是做法过于武断。（1分）

2）兰兰一贯胆怯，只靠一次的锻炼是不能改变的，特别是需要胆量和技巧的走平衡木项目，选择让兰兰锻炼的时机不适宜。（2分）

3）兰兰抱着老师不撒手，说明其心里非常恐惧，丁老师缺乏必要的安抚。（2分）

4）丁老师的语言是斥责、埋怨的，带有强制性。（1分）

5）掰开兰兰的手更让其失去依靠，加重兰兰的恐惧。（2分）

6）丁老师缺乏对幼儿心理的了解，缺乏专业知识。（1分）

（2）正确做法

1）正确对待幼儿胆怯的现象，耐心安抚引导，对幼儿进行适当的言语鼓励。（2分）

2）进行必要的辅助与保护，给予幼儿安全感，循序渐进地支持其完成探索。（2分）

3）主动与家长沟通，了解幼儿胆怯的内在原因，在日常生活与教学中加强针对性引导合力教育。（2分）

3. 请指出保育员梁老师的工作失误，并说明保育员应如何配合主题活动协助教师制作玩具、教具。（15分）

答题及评分标准：

（1）梁老师的工作失误

1）未与教师提前进行沟通，对自己的职责不明确。（1分）

2）没有提前将桌椅分组码放，造成现场混乱。（2分）

3）既然孩子喜欢新材料，就应适当调整增加数量，以满足孩子的需求。（2分）

4）在孩子们争抢时，忽略了随机教育。（2分）

5）没有尊重孩子们的活动意愿，而是简单地就近分组，使幼儿被动地接受安排。（1分）

6）当有孩子遇到问题时，没有给予指导，而是一味代劳，剥夺了孩子的学习权利。（1分）

（2）配合主题活动协助教师制作玩具、教具的做法

1）提前了解教育活动的具体内容及要求，熟悉教师的组织程序。（1分）

2）主动询问教师需要帮助制作的玩具、教具的内容、数量、要求，并提供协助。（1分）

3）主动询问桌椅摆放的具体要求，并协助摆放、及时调整。（1分）

4）课前主动了解需要哪些教具、学具、玩具，需要的时间、分发要求。（1分）

5）检查玩具、教具是否完好无损，数量是否足够。（1分）

6）根据教学要求，协助教师准确有序地分发教学活动用品。（1分）

4. 请指出保育员的工作失误，并运用相关知识、结合自身的实践谈谈幼儿头部摔伤的处理方法。（15分）

答案及评分标准：

（1）保育员的工作失误

1）不重视头部摔伤，没有按照正确程序进行观察。（3分）

2）把呕吐简单地当作消化道疾病的症状处理。（2分）

（2）幼儿头部摔伤的处理

1）如果头部摔伤出血，应用消毒纱布采用正确的方法包扎，压迫止血。同时去医院检查，查看颅内是否出现异常，并对伤口进行医学处理。（3分）

2）幼儿伤口处理完回园或回家后，应进行24 h的密切观察。（2分）

3）观察中如有下列症状，应急送医院救治：恶心、呕吐、剧烈头痛、眼耳鼻出血、抽风、麻痹、语言障碍、意识丧失等。（5分）